Isa Aepli

DENKST DU NOCH ODER LEBST DU WIEDER?

AF284102

Isa Aepli

DENKST DU NOCH ODER LEBST DU WIEDER?

GLÜCKLICH *mit den 3 Prinzipien*

Für meine besten Lehrerinnen Manon und Zoé und für alle Menschen, die ihr Leben neu entdecken wollen. Ihr habt es verdient, etwas zu hören, das alles verändern kann, ohne dass ihr euch verändern müsst.
I love you to the moon and back!

—

Ich muss mein Leben flicken !

Meine Präsenz flickt alles.

Es gibt nichts zu flicken.

INHALT

PROLOG

Es hätte gute Gründe gegeben, kein Buch zu schreiben. Es wäre bequemer gewesen, mich noch ein paar weitere Jahre mit Ausreden zu beschäftigen. Und damit, weshalb es sich kaum lohnt, meiner Stimme einen Platz zu geben.

Ich habe es dennoch getan. Denn *jetzt* ist die einzige Zeit. *Heute* ist der einzige Tag.

Ich habe dieses Buch geschrieben, weil ich genug habe von Kopfgeburten und nicht realisierten Projekten. Genug von meinen und deinen Ausreden. Genug von Mutlosigkeit, gähnender Langeweile und einem risikofreien Leben.

Meine Hoffnung ist, dass etwas von meiner Geschichte bei dir landet. Damit auch du Lust bekommst, der Welt der Probleme die kalte Schulter zu zeigen und dich für Kraft und Saft zu entscheiden. Auf die Gefahr hin, dass du nicht mehr von allen geliebt wirst.

Ich habe mich für mich entschieden, damit du den Mut bekommst, dich für dich zu entscheiden.

Folge dem Problempfad.

Kreiere dein Leben.

EINLEITUNG

Das Leben ist spannend, abwechslungsreich und verrückt. Ich liebe es gerade wieder. Obschon die beiden letzten Jahre genügend Material für eine Serie mit viel Drama boten. Die Episoden bestanden unter anderem aus Teenager- und Schulkrisen, chronischen Schmerzen, dem überraschenden Tod meiner Mutter, dem Aus einer geplanten Karriere im Bereich Yoga und Therapie und obendrauf noch ein bisschen Covid-19 mit Einschränkungen, die den ganzen Planeten betroffen haben. Im Krisenmodus habe ich ein Lebensgefühl wiederentdeckt, dessen Klarheit mich an das frische Bachwasser aus meiner Kindheit erinnert. Um dieses Gefühl der Klarheit und seine bedingungslose Existenz geht es in diesem Buch. Denn es ist nicht mein Gefühl; es ist vielmehr eine Art Urkraft, die uns alle antreibt, ohne dass wir sie richtig wahrnehmen. Diese Klarheit ist weder an Bedingungen noch an Methoden gekoppelt. Sie kommt ohne ein Wenn und Aber. Das klingt auf den ersten Blick vielleicht unspektakulär. Wenn wir unseren Blick neu ausrichten, erweist es sich jedoch als eine kleine Revolution. Aber ich fange jetzt von vorne an. Mit meiner Geschichte und einigen Erinnerungen daran, dass Klarheit schon immer da war.

Ich wuchs in den Siebzigern in einem Schweizer Bergtal auf, das so eng war, dass mir nur zwei Himmelsrichtungen vertraut waren: Nord-Süd. Im Süden war der Kunkelspass, im Norden der Kurort Bad Ragaz. Die Achtziger verbrachte ich in einem katholischen Mädcheninternat mit Schlafsälen und einer Hausordnung, die umfangreicher war als die Bibel. In den Neunzigern genoss ich das freie Studentenleben im trendigen Zürich, las gescheite Bücher, verdiente mein Geld als News-Journalistin, tanzte auf den ersten Streetparades und trank ziemlich viel Bier im Niederdorf. Ende der Neunziger verliebte ich mich in einen charmanten Westschweizer, der weitgereister war als meine geografischen Kenntnisse. Er kannte vier Himmelsrichtungen und ich wusste sofort, dass ich mit ihm Pferde stehlen wollte.

Zusammen erlebten wir ab 2002 Auslandsaufenthalte in Griechenland, Österreich und Holland. In den folgenden Jahren lernte ich das Expat-Leben kennen und wurde Mutter von zwei süßen Töchtern. Nach einer filmreifen Ehekrise gingen wir 2008 auf eine Weltreise, die uns einmal um den Globus und um uns selbst führte. 2010 zogen wir in die Niederlande, wo ich mit Schwung ein kleines Yoga- und Therapie-Business aufbaute. Es waren sechs unglaubliche Jahre. Berufliche und finanzielle Gründe führten uns 2016 zurück in die Schweiz, wo wir seither leben und arbeiten.

SAGT EIN KIND ZUM ANDEREN: »LEBST DU NOCH ODER DENKST DU SCHON?«

Der Lebensstil einer globalen Nomadin, zu der ich geworden bin, beinhaltet alles: Er ist gleichzeitig spannend, bereichernd, anstrengend und unruhig. Meine Innenwelt reiste immer mit. Ich haderte im Lauf der Jahre immer wieder mit dem Leben, so wie es viele Menschen tun. Ich haderte mit der Enge des Bergdorfs, in dem ich aufgewachsen war, und mit den endlos langen Jahren im Internat. Es sah manchmal so aus, als ob diese Kindheit mich für die Ewigkeit geprägt hätte, und ich machte gerne Klosterfrauen und die sturen Regeln für unglückliche Tage verantwortlich. Material zum Analysieren gab es zur Genüge, so wie in vielen Biografien. Jede Krise, die ich bis zum 47. Lebensjahr erlebte, führte zum genüsslichen Aufwärmen meines Lebensfilms – eine Art Serie im Genre Drama –, den ich im Verlauf der Zeit immer detaillierter erzählen konnte.

Die wichtigsten Protagonist:innen in meinem Film waren Lehrer und Nonnen, später meine Chefin, dann die Beziehung zu meinem Mann, die Institution Ehe, das ständige Umziehen, die grantigen Wiener, die holländische Küche, dann die Schweiz, das verklebte Schulsystem und Social Media. In schwierigen Zeiten verhielt ich mich ohne Absicht wie ein Wiederkäuer, der immer wieder auf alten Storys herumkaut. Meine Geschichten wurden dadurch zwar länger, aber nicht besser. Zu meiner Verteidigung: Es war das einzige Modell, das ich als erwachsener Mensch kannte: Gedanken sortieren und analysieren und daraus Gebäude bauen ist gerade sehr in Mode. Niemand wunderte sich oder zeigte in eine andere Richtung. Im Gegenteil, ich traf immer wieder Menschen, darunter auch Experten, die verständnisvoll nickten, geduldig zuhörten und mir dabei halfen, aus den Puzzleteilen meines Lebens etwas zu bauen, das Sinn ergab.

Die Gedanken, die mich umtrieben, begannen oft mit ›Wenn-dann‹: Wenn ich nicht im Internat gewesen wäre, dann hätte ich eine Sportkarriere gemacht. Wenn wir nicht zurück in die Schweiz gezogen wären, dann hätten wir kein

Schuldrama erlebt. Wenn wir in Holland geblieben wären, dann wären mein Business und mein Freundeskreis intakt. Wenn ich beim Journalismus geblieben wäre, dann wäre ich jetzt XYZ.

EIN MENSCH SAGT:
»ICH HALTE MEINE GEDANKEN NICHT MEHR AUS.«
DIE WEISHEIT ANTWORTET:
»DANN LASS SIE ENDLICH IN RUHE.«

Eigentlich wusste ich ja, dass dieser Umgang mit Gedanken zu nichts dient, außer der eigenen Unterhaltung, aber meistens ignorierte ich dieses Wissen. Es gab allerdings immer wieder Momente, in denen ich mich intuitiv gegen diese Haltung entschied. Zum Beispiel, als die Beziehung zu meinem Mann die erste krasse Bruchlandung erlebte. Im dümmsten Moment. Wir lebten in Wien, die Kinder waren winzig, meine Herkunftsfamilie und Freunde waren weit weg und der Kopf war voll mit Lärm, Anschuldigungen und zerschmetterten Träumen. Etwas in mir weigerte sich damals, diese Krise durch die üblichen Brillen anzuschauen: Moralvorstellungen, Empörung, Opfer, Täter und Schuldsprüche. Es war sonnenklar, dass es nirgendwo hinführte. Ich interessierte mich weder für die Ratschläge von Nachbarn, Paartherapeuten oder die Unterstützung von Selbsthilfegruppen.

12

Meine Klarheit reduzierte sich damals darauf, dass Chaos herrschte und ich nicht wusste, was zu tun war. Also tat ich nichts. Ich fällte keine Entscheidung, ich suchte keine neue Wohnung, ich erwog keinen Umzug und ich sprach mit keinem Anwalt. Anstatt verstehen zu wollen fing ich an, Martial Arts zu trainieren: Ving Tsun Kung Fu. Eine chinesische Kampfsportart in der Tradition von Ip Man, die genauso schwierig zu erlernen ist, wie sie heißt. Vor allem, wenn man schon 36 Jahre alt ist. Es passte irgendwie überhaupt nicht zur Situation und war wohl genau deswegen meine Rettung. Das Schwitzen und die Konzentration auf neue Bewegungen katapultierten mich raus aus dem Kopf und rein ins Leben. Ich lernte, dass Widerstand gegen einen Angriff zu Schmerzen führt, aber das Umlenken der Energie zu Kraft. Kung Fu wurde zu meiner Wunderwaffe. Die Abkehr vom Problem schaffte damals eine neue Grundlage für einen nächsten Versuch als Paar. Das ist übrigens kein Rezept. Es hätte auch zu einer Klarheit für getrennte Wege kommen können. Wir entschieden uns, ein Stück weiterzugehen. Es war keine hochromantische Wiedervereinigung. Aber wir wussten, dass unsere Geschichte nicht zu Ende war. Ein Jahr nach der Krise kündigten wir Jobs und Wohnung und planten eine Weltreise.

Das Naturkind in mir hatte schon immer den Verdacht, dass Leben nicht nach der Formel des Mainstreams funktioniert: schlechtes Wetter = schlechte Laune. Oder: Was da draußen passiert, ist verantwortlich für das in uns drin. Mein Vater sagte immer: »Über das Wetter brauchen wir uns nicht aufzuregen. Es findet einfach statt und zwar im Freien.« Umso mehr wunderte ich mich darüber, wie schon 13-Jährige vom Wetter, einem bestimmten Wochentag oder ihrem Körperbau genervt waren. Als wäre irgendetwas davon beeinflussbar. Doch offensichtlich gehörte es dazu, sich über Dinge aufzuregen, wenn man mitreden wollte.

Ich war damals vertrauter mit dem Rauschen unseres Dorfbachs als mit Diskussionen darüber, ob eine Nase zu krumm oder ein Bauch zu dick war. Klarheit fühlte sich an wie das Wasser der Tamina: frisch, transparent, bewegt, kraftvoll und mit klarer Richtung. Alle Weisen dieser Welt zeigen in die Richtung eines Gefühls. Nicht auf die Außenwelt, sondern zu uns hinein. Auf die Natur der Dinge, auf die Selbstermächtigung und die Kraft.

Niemand hat jemals Sätze gesagt wie: *Finde den Schuldigen. Schlucke eine Pille. Das Leben ist unfair. Analysiere die Situation. Empöre dich. Höre deinem Lärm im Kopf zu. Fühle dich als Opfer. Schlage dich mit deinen Problemen herum.* Das kam erst später, als der Homo Sapiens anfing, das Denken auf einen Sockel zu stellen und es gegen den gesunden Menschenverstand auszuspielen.

Doch dieses Kräftemessen geht auf Kosten unserer Urkraft, die bei vielen Menschen irgendwo im Straßengraben gelandet ist. Wir sind konditioniert darauf, Probleme zu wälzen und uns zu empören. Damit lässt sich nicht nur Aufmerksamkeit erregen, sondern auch Geld verdienen. Es ist höchste Zeit für einen Richtungswechsel, der analytisches Denken und Weisheit wieder ins natürliche Gleichgewicht bringt. Sydney Banks Entdeckung der 3 Prinzipien ist ein Schlüssel dazu: Er bringt uns auf Augenhöhe mit unserer Urkraft, ohne Anleitungen und ohne Gebote oder Verbote. Das macht die 3 Prinzipien so anders, so frei und so zugänglich für Menschen aller Kulturen und Religionen.

14

IM GEDANKEN-KARUSSELL

ICH BRAUCHE EINEN COACH!

Es war Sommer 2016. Ich war 44 Jahre alt und dabei, mich nach dem zwölften Umzug in 14 Jahren in einer neuen Umgebung einzuleben. Nach zwölf Jahren im Ausland, neuen Sprachen, Reisen, Wohnungs- und Jobwechseln nahm unser Expat-Leben ein Ende: Wir zogen zurück in die Schweiz und ließen uns in der Nähe von Luzern nieder. Eine pittoreske Gegend und gleichzeitig ganz schön konservativ. Mein Enthusiasmus für die neue alte Heimat war begrenzt.

SAGT EIN ERWACHSENER ZUM ANDEREN: »DENKST DU NOCH ODER LEBST DU WIEDER?«

Die Kinder vermissten das Leben im Ausland und kämpften mit dem neuen Schulsystem. Mir fehlte der Austausch mit Menschen und Kulturen aus verschiedenen Kontinenten, der Geruch von Dünen und Meer und die Intensität von Freundschaften, die sich ergeben, wenn reisende Menschen einander die Familie ersetzen. Beruflich lief es auch nicht prickelnd: Ich trauerte meinem kleinen Bewegungs- und Therapie-Studio nach, für das mein Herz in Holland geschlagen hatte. Ich war ohne Studio, ohne eigenes Einkommen und ohne Jobaussichten. Das neue Leben fühlte sich an wie ein alter PC: Es lief, aber es ruckelte und machte keinen Spaß. Ich war in der neuen

Umgebung zunehmend uninspiriert und gelangweilt. Die Schweiz war an fast allem schuld. Es roch nach Krise. »Hilfe, ich brauche einen Coach!«, dachte ich mir immer wieder, »holt mich hier raus!«

Dabei hatte ich nicht die leiseste Ahnung, wie und wo ein Coach zu finden wäre oder wer das sein könnte. Ich hatte im Leben zu viele Bücher gelesen und Ausbildungen gemacht. Und war dabei zunehmend müde geworden von all den Methoden und Rezepten. Wer war gut genug, mir etwas Neues zu erzählen? Etwas, das ich noch nicht kannte? Eine Stimme rief: »Reiß dich zusammen, mache dies, tue das. Du brauchst einfach mehr Disziplin.« Aber gleichzeitig war ich einfach faul. Ich hatte keinen Bock auf einen neuen Kurs und Eisbad-Herausforderungen. Ich hatte keine Lust, ein weiteres Buch zu lesen, um fünf Uhr aufzustehen, Achtsamkeitsgruppen zu besuchen oder einen hellen Superstar am Himmel der Suchenden zu finden, der nach ein paar Jahren wieder verglüht. Ich suchte nach etwas Neuem. Ich wollte Inspiration.

Gedanken wie Midlifecrisis, Entwurzelung, Opfer der Umstände und bevorstehende Wechseljahre begannen sich in meinem Kopf breitzumachen. Das alles war wahrscheinlich eine unausweichliche Folge des Älterwerdens. Hormone und so. Ich erlebte das Leben als schon o.k., aber fade, und meinen Kopf als eine Soundanlage, die immer wieder dieselben Songs abspielte. Einige meiner Freundinnen und Freunde bestätigten die Richtigkeit meiner Midlife-Wahrnehmung. Sie erlebten den Alltag auch wie eine fade, lauwarme Suppe.

War's das jetzt? Kommt da noch was? Ist mir das Leben davongerannt? Kriege ich noch einmal etwas auf die Reihe? Was, wenn wir im Ausland geblieben wären? Was, wenn ich gar nie ins Ausland mitgegangen wäre? Was, wenn ich doch einen ganz normalen Schweizer geheiratet und diese ganze Reiserei nie stattgefunden hätte? Dann wäre meine Karriere jetzt am finanziellen Höhepunkt, dann wäre ich frei, unabhängig, angesehen und zufrieden. Dann wäre das Leben komplett anders verlaufen. Normaler. Besser. Perfekt.

Der Bergbach aus meiner Kindheit plätscherte derweil weiter. Ich selbst war irgendwo weit weg, unterwegs im Karussell meines Denkapparats, ohne mir dessen bewusst zu sein. Ich lebte wie ein Flugzeug, das in einer ewigen Warteschleife fliegt und auf eine freie Landebahn hofft. Dort würde ich wahrscheinlich jetzt noch meine Kreise ziehen, hätte ich nicht Lea getroffen, die mich mit dem Verständnis der drei Prinzipien von Sydney Banks bekannt machte.

INSPIRATION AUS OBWALDEN

Über eine Kette von Zufällen landete ich im Sommer 2019 in einer Coaching-Ausbildung. Coach und Mentorin Lea Wernli bildete erstmals deutschsprachige Menschen im Verständnis der 3 Prinzipien aus. Meine Schwester Helen hatte mir davon erzählt. Sie sprach von Lea und einem gewissen Sydney Banks und seinem Verständnis für universell gültige Prinzipien des Lebens, das alles verändere, ohne dass sich etwas verändere. – *Wie, was? Sydney wer?* Ich hatte den Namen noch nie gehört. War das wieder so ein angesagter spiritueller Shootingstar, ein Philosoph, ein Skeptiker, ein Psychologe, ein Guru? Neugierde mischte sich mit einer natürlichen Abwehrreaktion: *Ein weiteres Selbstfindungs-Konzept? Und schon wieder von einem Mann?!?* Ich verstand aufgrund der ersten Beschreibungen nur Bahnhof, aber etwas zog mich an. Ein Gefühl. Ein Kribbeln. Ein Hauch von Irritation. Es roch jedenfalls nach anders und spannend. Als Akademikerin mit zwei Masterabschlüssen erwartete ich dennoch ein Vollbad in einer neuen Theorie mit Methoden, die es zu lernen und umzusetzen galt. Alte Schule halt. – Ich hatte schlicht keine Ahnung, dass ich mich in Kürze der größten mentalen Entgiftungsaktion meines Lebens aussetzen würde. Und noch viel weniger ahnte ich, dass der Welt und meiner Familie schwierige und traurige Zeiten bevorstanden.

Schon im ersten Einzelgespräch mit Lea bekam ich meine gewünschte Inspiration. Aber nicht die, die ich erwartete. Ich wollte in gewohnter Weise ausholen, die Ge-

19

schichte meines Lebens ausbreiten und mit scharfsinniger Logik erklären, weshalb meine Situation ziemlich erträglich, aber doch besser sein könnte. Weshalb ich zwar da, aber nicht angekommen sei. Die Warteschleife, meine restliche Geschichtensammlung und meine Eloquenz eben, die auf Bestätigungstour ging. Irgendwann unterbrach mich Lea und sagte: »Wir brauchen uns nicht mit unseren Gedanken und Geschichten zu beschäftigen. Denn das, was uns hilft, kommt von einem Ort, den wir uns nicht denken können.« *Entschuldigung, wie bitte ...?* Mein Kiefer klappte hinunter und die gut geölten Hirnwindungen quietschten: Ein Teppich aus Ego und Eitelkeit rutschte unter mir weg.

INTELLEKT UND INTUITION BEGEGNEN
EINANDER BEIM WANDERN.
DER INTELLEKT SAGT:
»DENK MAL NACH!«
DIE INTUITION ANTWORTET:
»O.K., DANN GEH MAL AUS DEM WEG.«

Lea sprach davon, dass in uns ein Kern aus Kraft und Weisheit sei. Etwas, das ich in diesem Buch auch als ›Lebenssaft‹ bezeichne. Dieser Kern, so Lea, sei immer da, immer intakt und immer in Aktion. Wir könnten ihn nicht über unser Denken ansteuern, dafür über eigene Erkenntnisse wahrnehmen. Das saß. Ein süß-saurer K.o.-Schlag für meinen Intellekt. Meine Meinungen über mich und die Welt. Meine Versionen. Meine Konzepte und Zusammenhänge. Ich war seit Langem wieder einmal sprachlos. Irritiert. Und so richtig verwirrt.

Die Erinnerung an das Gefühl vom Bergbach meiner Kindheit kam nicht aus dem Himalaya, sondern von einer gebürtigen Obwaldnerin. Ihre Worte waren so anders und so erfrischend, dass ich gleichzeitig weglaufen und mehr davon wollte. Sie gab mir nicht das, was ich erwartet, aber das, was ich mir gewünscht hatte: Inspiration. Meine Neugierde auf die Welt vor dem Denken war geweckt, auch wenn ich keine Ahnung hatte, wie das funktionieren sollte.

DIE WELT VOR DEM DENKEN

Wir sind uns wohl alle einig: Leben ist mehr, als wir Menschen uns denken können. Wer in den klaren Nachthimmel schaut, erkennt leicht, wie begrenzt das Sichtbare und wie gigantisch das Unsichtbare ist. Das ist so weit nichts Neues. Doch niemals hatte mir jemand gesagt, ich müsse in meinen Storys und in meinem persönlichen Denken über Probleme nicht nach der Wahrheit suchen. »Das Denken findet zwar immer statt, aber dort gibt es nichts zu holen«, sagte Lea.

Diese Aussage blieb an mir haften wie Sirup: irgendwie süß, aber zäh und klebrig. In jeder anderen Theorie, die mir im Lauf der Jahre begegnet war, führte der Weg über Aufträge, die es zu erledigen galt. Herkules-Stil halt; anstrengend und nur für Helden zu bewältigen. Gemäß der Psychologin Dr. Amy Johnson geht es im bekannten Verständnis von Lebenshilfe immer um Addition. Um eine Analyse, einen Plan und dann dessen Umsetzung. Wir glauben, wir müssten etwas hinzufügen, um das Loch zu stopfen, das in uns oder bei den anderen klafft. Die Lösungen waren aus meiner Sicht am besten zugänglich für Menschen, die viel Zeit und Disziplin haben: Meditation, Fasten, Gesprächstherapie, Enthaltsamkeit, Marathonlaufen, Pilgern oder tägliche Meditations- und Yogapraxis etc. Die Welt der Addition war mir bestens bekannt und seit jeher ein wenig verdächtig. Denn während meiner zehnjährigen Tätigkeit als Yogalehrerin war ich kein einziges Mal um fünf Uhr aufgestanden, um zu meditieren. Ich bevorzugte immer Schlaf.

Umso größer die Überraschung, als Lea mit dem schottischen Schweißer Sydney Banks daherkam und sagte, es gehe auch anders. Sie sagte: Weniger sei mehr, oder besser gesagt: alles. Weil die Powerbank des Lebens nicht bewusst angesteuert werden könne. Ich fühlte mich seit langem wieder einmal wie eine blutige Anfängerin. Ich saß da wie eine Schülerin mit einem leeren Hausaufgabenbuch und machte mich zögerlich auf eine Reise in die Welt vor dem Denken. Und wie sich herausstellte, war diese Reise spannender, als ich es mir in den wildesten Träumen vorgestellt hatte.

Es passierten nämlich Dinge, die bis vor Kurzem völlig undenkbar gewesen waren. Wenn mir im Herbst 2019 jemand prophezeit hätte, dass ich mir im Lauf der nächsten Monate einen Schrebergarten und einen Hund zulegen, ein Buch schreiben, Witze erfinden, Cartoons zeichnen, meine Kinder in Frankreich an einer neuen Schule anmelden, einen Segelturn buchen und Menschen in Krisen begleiten würde, dann hätte ich vielleicht den Rückwärtsgang eingelegt. Und doch geschah genau das und mehr: Ich wurde durch das Verständnis von Sydney Banks aus dem Kopf raus- und ins Leben hineinkatapultiert, ohne einem Sieben-Punkte-Plan gefolgt zu sein. Ohne, dass mir jemand einen Ratschlag gegeben hätte und ohne eine einzige Hausaufgabe. Es war ein Volltreffer!

COACH: »WEISHEIT KANN NICHT DURCH ANGESTRENGTES DENKEN ERZEUGT WERDEN.«
SUCHENDE: »DARÜBER MUSS ICH NACHDENKEN!«

23

Wie kann eine Einsicht, ein Verständnis, das keine To-do-Liste beinhaltet, grundlegende Veränderungen bewirken? Was mir Lea erzählte – und was ich später noch erklären werde –, war nämlich weder Religion noch Wellness noch Fitness noch Ideologie noch Ratgeber. Sie erklärte mir lediglich, wie wir unsere Realität produzieren, welche Zutaten dazugehören und was die Natur dieser Zutaten ist. Es ging um die Natur der Sache und nicht um ›die Probleme‹. Was sich dadurch verändert, lässt sich nicht intellektuell verstehen, sondern erfahren. Das Verständnis schubst uns zurück in die natürliche Fähigkeit, Erkenntnisse und Geistesblitze zu haben. Es lässt uns wieder einem Gefühl vertrauen, das wir alle so gut kennen. Es lockt uns zur kindlichen Neugierde und zur Faszination des Moments. Kurz: Es wirkt erdend, energetisierend und macht Lust aufs Tun.

Es war ein absoluter Glücksfall, dass ich ausgerechnet 2019 von diesem Richtungswechsel hörte. Denn ab Herbst dieses Jahres überrollte mich das Leben in einer Intensität, die ich ansonsten wohl schwerer und persönlicher genommen hätte. Dazu gehörten die Krise unserer Tochter mit chronischen Schmerzen, der Tod von Haustieren und Familienmitgliedern und das Ende meines Therapiestudios, das ich hatte aufbauen wollen. In einem der heftigsten Jahre meines Lebens entdeckte ich etwas wieder, das enorm hilfreich ist: In Krisenzeiten gibt es in unserem Kopf nichts zu finden außer Lärm. Dieser Lärm übertönt das Banale und das Hilfreiche. Was uns in Krisen wirklich hilft, finden wir, wenn wir uns nicht mit dem Lärm beschäftigen, sondern indem wir abwarten, bis uns die Weisheit wieder ins Ohr flüstert.

24

VOM LEBENSSAFT

Machen wir einen kleinen Ausflug zum Lebenssaft, auf den Lea immer wieder zeigte und als unseren Kern beschrieb. Aus wissenschaftlicher Perspektive ist damit die Energie gemeint, die vor ein paar Milliarden Jahren zum Urknall führte, der die Entstehung von Atomen ermöglichte, die sich dann zufällig zu Molekülen verbanden und hochkomplexe Organismen hervorbrachten: Steine, Bäume, Planeten, Tiere und Menschen. Alles, was für uns wahrnehmbar ist, stammt aus der gleichen Energiequelle. Eine dynamische Kraft, die so gigantisch ist, dass wir sie nur vage umschreiben können: als Schöpferkraft, $E = mc^2$, Chi, Om, Gott, Shakti, Naturwunder, Perfektion oder Genialität.

Es spielt keine Rolle, ob Menschen buddhistisch, christlich, jüdisch oder muslimisch unterwegs sind. Alle sind sich in einem Punkt einig: Wir sind Teil eines kreativen, kosmischen Tanzes aus Schöpfung und Vergänglichkeit. Das Prinzip des Werdens und Vergehens war schon da, bevor das Homo-Sapiens-Tier vor etwa 70.000 Jahren eine kognitive Revolution erlebte, die es ihm ermöglichte, bewusst zu denken und zu beschreiben, wo die Büffel grasten und der Löwe lauerte. Es war schon da, bevor wir mit der Sprache Geschichten über Götter, Mythen und Aktiengesellschaften erfinden konnten.

Unser Denkvermögen, die Sprache, sämtliche Mythen, Religionen und die französische Grammatik kamen lange nach dem Urknall. Wie soll irgendetwas davon die Kraft

25

des Lebens zerstören oder manipulieren können? Wie soll ein Hirn im Armdrücken gegen die universelle Energie gewinnen? Die Lebenskraft ist immer noch dieselbe, obschon wir jetzt Feuer machen, $E = mc^2$ berechnen und Atombomben bauen können. Und sie wird auch noch da sein, sollten wir einmal von der Erde verschwunden sein: Schöpferische Dynamik ist komplett unabhängig von unserer Existenz und von unserem Denken. Sie kann ohne uns. Und solange wir da sind, ist sie ein Teil von uns, sie ist unser Antrieb, unsere Energie und unser Navigationssystem!

GEDANKEN SIND REINE ERFINDUNG. WESHALB GLAUBT DAS KEINER?

Lea verwies immer wieder auf das, was schon vorher war. Weg vom angestrengten Denken und vom Verstehen-Wollen hin zur geheimnisvollen Kraft, die in uns lebt. Das war definitiv anders als: *Meditiere. Denke positiv. Befreie dich von deinen Gedanken. Verarbeite die Vergangenheit.* Was sie sagte, war schon deshalb entspannend, weil es nichts herumzuschrauben gab an den Kunststücken meines Hirns, das ja bis heute einfach nur seinen Job tut. Es gab nichts zu tun im herkömmlichen Sinn. Ich erfuhr, dass wir uns mit allem entspannen dürfen, was wir wahrnehmen, weil es sich genauso zuverlässig verändert wie das Wetter. Im Wissen, dass wir im Kern etwas sind, das will, schiebt, heilt, kreiert, inspiriert und sich ständig erneuert.

Mein Fokus verschob sich so von der aktiven Bewirtschaftung meiner Gedanken- und Gefühlswelt auf die Natur der Dinge. Ich wurde zur Beobachterin und sah plötzlich keine Probleme mehr, sondern nur noch neutrale Situationen. ›Natur in Aktion‹. Ich sah die Natur der Dinge im Alltag mit den Kindern, mit meinem Mann, den Katzen und dem Hund. Plötzlich ergab es keinen Sinn mehr, Strategien und Techniken anzuwenden, um etwas zu verändern oder erreichen zu wollen. Weshalb sollte ich am Gras ziehen, nur weil es mir zu kurz vorkam? Das Darunter zeigte sich immer verlässlicher als absolut kugelsichere Weste. Aus der anstrengenden Welt der Addition wurde so eine federleichte Welt der Subtraktion (diesen mathematischen Vergleich habe ich erstmals von der Autorin und Coach Dr. Amy Johnson gehört). Es gab immer weniger zu tun. Ich bekam mehr Zeit für das Wesentliche. Ich bekam Lust aufs Machen. Ich hatte vorher zwar schon oft gehört, dass wir *nicht* Gedanken und Gefühle seien, sondern das Darunter. Doch schon in der nächsten Sekunde folgten in der Regel Anweisungen, was zu *tun* sei, um an das andere heranzukommen.

Mit diesem Paukenschlag begann meine Reise zurück zur Lebensquelle und in eine Richtung, die ich als Bergkind gut gekannt hatte. Als ich noch nicht gedacht hatte, ich müsste schlauer sein als die Natur. Als ich einfach ich war. Als ich furchtlos auf den Lärchenhügel gelaufen und auf zehn Meter hohe Bäume geklettert war, wo ich dann mit dem Sackmesser des Vaters meine Initialen in die Baumrinde geschnitzt hatte. Ich war verbunden und angetrieben von purem Lebenssaft. Und denken tat ich mir dabei nicht wirklich viel.

Ich erinnere mich, wie mein Ego im August 2019 während der ersten Gespräche mit Lea nervös wurde. Denn es fehlte etwas Entscheidendes: die Analyse und das Gewicht meiner Probleme, meiner Geschichte, meines Lebenslaufs. Nahm sie mich nicht ernst? Wir müssen doch Ursachenforschung betreiben, unsere Vergangenheit aufarbeiten, unsere Geschichte verstehen, Traumata auflösen, die Eltern durchschauen, die Ahnen erforschen, die Kultur hinterfragen, die Religion kritisieren, die letzten drei Inkarnationen heilen, die Erziehung der Kinder optimieren.

Trotz aller Irritation – und zugegeben einer gewissen Ungläubigkeit – führte der radikale Richtungswechsel rasch zu einer Erleichterung: *Wenn meine Gedanken grundsätzlich keine Aussagekraft und Bedeutung haben, dann kapiere ich zwar gar nichts mehr. Aber es riecht nach Freiheit und Abenteuer.* Und allein die Vorstellung davon war der absolute Hammer!

EBBE UND FLUT

Es dauerte Monate, bis der Richtungswechsel für mich fassbar wurde, und letztlich führten ein paar heftige Krisen dazu, dass ich mich für k.o. erklärte und mich auf die Welt des Weniger-ist-Mehr einließ. Im Herbst 2019 begann ein neues Schuljahr und damit die größte Schulkrise, die wir als Familie erlebt haben. Unaushaltbare Kopfschmerzen gehörten zum Alltag unserer Achtklässlerin. Die Absenzen wurden immer mehr und unsere Sorgen um sie waren irgendwann die neue Normalität. Das war aber erst der Anfang. Im November 2019 landete sie aus denselben Gründen in einer Nacht-und-Nebel-Aktion im Kinderspital. Anfang Januar 2020 warf ich das Handtuch als Massagetherapeutin und begann mit Homeschooling (etwas, das im Kanton Luzern eigentlich gar nicht erlaubt ist, aber das ist eine andere Geschichte). Im März kam der nationale Lockdown. Im April kündigte ich meinen erst kürzlich eingerichteten Therapieraum definitiv. Im Juni starb mein Schwiegervater, im Juli zog ein Welpe bei uns ein, im August wurde unser vierjähriger Kater überfahren und im September starb meine Mutter völlig überraschend an einer Blutvergiftung. Kurz: Ich wurde innerhalb weniger Monate vom Leben überrollt. Es fühlte sich alles an wie ein heißer, langer Waschgang.

Für das Aushalten von Ebbe und Flut gab es kein Rezept. Stattdessen hatte ich dank Lea einen neuen Zugang zur Natur der Dinge. Von diesem Hochsitz aus beobachtete ich, was geschieht, wenn wieder eine Flutwelle anrollt. Es ist bei allen Menschen ähnlich: In Krisen wird es extrem laut im Kopf und intensiv im Körper. Unsere Gedanken- und Gefühlswelt verhält sich wie eine Herde von Pferden, die durchbrennt. Wir beschäftigen uns entweder mit sämtlichen verpassten Möglichkeiten oder mit einer düsteren Zukunft. Oder mit beidem. Es ist ein Seiltanz ohne Sicherung. Das Hirn versucht, uns irgendwie zu retten und Ordnung zu schaffen, indem es uns laut schreiend über die Zeitachse jagt. Es ist eine wilde Reise von der Vergangenheit in die Zukunft und wieder zurück.

DER MOMENT TRIFFT AUF DEN STRESS UND
FRAGT: »MÖCHTEST DU MIT MIR ABHÄNGEN?«
»GEHT NICHT«, SAGT DER STRESS,
»ICH BIN MIT DER ZUKUNFT VERABREDET.«

Der Lärm in meinem Kopf und die Intensität der Gefühle verschlugen mir regelmäßig den Atem. Vor allem, als meine Mutter starb. Ich dachte während der ersten Tage, ich würde ersticken. Und dennoch war etwas anders: Es fühlte sich alles richtig an. Ich kam nicht im Geringsten auf die Idee, meine Erfahrung verändern zu wollen. Es gab nichts Falsches am emotionalen Chaos der ersten Tage nach ihrem Tod. Es war dramatisch und heftig, aber vollkommen natürlich.

Das – so die Erkenntnis – ist, was mein Körper und mein Kopf tun, wenn die Post abgeht. Der Kopf schreit: »Tu was! Das muss jetzt aufhören. Es kann so nicht weitergehen. Das ist unfair.« Es sind genau diese Sätze, die darauf

30

hinweisen, dass ich gegen Windmühlen antreten möchte. Wenn ich heute diese Sätze höre, weiß ich, dass es absolut nichts zu tun gibt. Dafür lege ich meine Hand ins Feuer: Es gibt während Krisen nichts zu verstehen, nichts zu entscheiden und nichts zu flicken. Denn die Gedanken, die wir im Stress hören, sind nicht hilfreich. In Leas Worten: Wir könnten dann genauso gut einen betrunkenen Freund um Rat fragen.«

So begann ich, mich mit dem zu entspannen, was war. Es gab ein winzig kleines bisschen Distanz zum Epizentrum. Am absoluten Tiefpunkt des Lebens erkannte ich, was es heißt, die Kontrolle abzugeben und dem zu vertrauen, was wir abgesehen von Sorgen auch noch sind, aber in diesen Momenten weder sehen noch wahrnehmen. Ich wusste, dass alles gut war, und ich erfuhr, dass Abwarten und Teetrinken die beste Methode ist, um den Stürmen des Lebens zu begegnen. (Ja, das ist eine Art ›Technik‹, nämlich jene, die uns vom ›Ich-muss-jetzt-sofort-etwas-tun‹ abhält.)

Das Vertrauen in die Natur der Dinge führte in mir zu ungewohnter Entspannung und einer Leichtigkeit, die nicht ganz zur Dramatik der Ereignisse passte. Ich erinnere mich heute noch gerne an die Fahrt ins Tierkrematorium mit meiner jüngeren Tochter Z., nachdem ihre geliebte Katze überfahren worden war. Es war echt und traurig. Immer öfter ertappte ich mich mit einem Schmunzeln im Gesicht. Das Licht blitzte in unerwarteten Momenten durch. Zum Beispiel, als M. im Spital realisierte, dass ihr sowieso ›niemand helfen konnte‹. Sie hatte recht. Niemand konnte ihr helfen, weil sie nämlich weder eine Krankheit noch eine Störung hatte. Es ging um ihre Einzigartigkeit, um die

Verpuppung einer Raupe. Von mir aus um den Umbau des Frontallappens bei Teenagern. Es spielt keine Rolle, wie es heißen könnte. Es ging um etwas, das einfach Zeit und Nichtstun und Präsenz erforderte.

Das Leben mag uns oft kompliziert vorkommen. In Wahrheit ist es banal wie Murphy's Law. Wenn wir den Widerstand gegen Krisen sein lassen, dann öffnen sich Türen. Dann werden Sorgen durch Verständnis und Liebe ersetzt. Dann kommen plötzlich Ideen zu uns, die wir nie in Betracht gezogen hatten. Sie kommen aus dem Nichts und ungeplant. Vor dem Einschlafen. Beim Spaziergang. Beim Autofahren. So sicher und so zuverlässig wie die Sonne jeden Tag auf- und untergeht. Es liegt in der Natur der Sache.

32

Wir sind die kreierende Kraft hinter dem Denken. Wir sind im Kern verständnisvoll und mitfühlend und liebevoll. – Und abgesehen davon sind wir eine denkende Kraft, die uns davon überzeugen kann, dass wir das nicht sind. So auf den Punkt gebracht vom 3-Prinzipien-Coach Jack Pransky: »Alles, was wir sind, ist Friede, Liebe und Weisheit. Und eine Kraft, die eine Illusion erzeugen kann, dass es nicht so ist.«

Dem Kern aus Weisheit wieder blind zu vertrauen, war faszinierend. Es funktionierte so zuverlässig wie die Gezeiten. Veränderungen geschahen ohne Anstrengung. Unmögliche Lösungen tauchten aus dem Nichts auf. Eine liebevolle Fellnase erwies sich als die ›Medizin‹ gegen die Aufwachs-Schmerzen unserer Tochter und einer meiner Träume wurde wahr: Ein toller Schrebergarten hüpfte aus dem Zauberhut des Lebens. Aus verzweifelter Trauer nach dem Tod meiner Mutter wurde liebevolle Erinnerung, aus Sorgen um die Kinder wurde eine Perlensuche.

Neben all dem geschah noch etwas völlig Unerwartetes: Die Clownsnase, mein Schalk und mein Humor, die ich aus der Kindheit gut kannte, kamen mit Vollgas zurück. Das Leben war plötzlich voller Witz und Inspiration. Ich habe in den letzten Monaten so viel gelacht wie schon lange nicht mehr. Fast täglich lachte ich über lustiges, absurdes und schräges Gedankenmaterial, das ich einfach zu pflücken brauchte, um es dann zu Cartoons, Texten oder Witzen zu verarbeiten. Ich brauchte nur die Nase in den Wind zu halten, die Ohren zu spitzen, die Ideen zu ernten und in eine Form zu gießen ... Ohne Brainstorming oder Strategie. Ohne krasse Disziplin. Reine Subtraktion.

DAS SPIEGELN DER STERNE

Die Welt meiner Probleme hat seit Sommer 2019 massiv an Gewicht verloren. Sie ist nicht weg, aber sie ist nicht mehr am Ruder. Ich bin nicht mehr Angestellte meiner Gedanken, sondern Bediente von der Schönheit des Lebens. Wenn ich mich an schlechten Tagen im Gedankenchaos befinde, dann hat das nicht mehr dieselbe Schwere wie vorher. Denn ich achte auf die Natur der Dinge und weiß, dass Gedanken mich aufwühlen und in dunkle Ecken treiben können. Ich weiß, dass ich dort nichts finde außer Grenzen. Meine Gedanken- und Gefühlswelt gehört zu mir wie die Wetterphänomene zum Klima. Stimmungen kommen, ziehen durch mich hindurch und verschwinden wieder. Es gibt nichts zu tun. Irgendwann kommt immer die Ruhe nach dem Sturm. Die Oberfläche des Sees beruhigt sich immer und dann erkenne ich die Reflexion der Sterne.

DER DENKER: »ICH LÖSE PROBLEME MIT LOGIK, DISZIPLIN UND KONZENTRATION.«
WEISHEIT: »IST GUT, WIR SEHEN UNS DANN, WENN DU FIX UND FERTIG BIST.«

Das Herauszoomen hat zu einer neuen Akzeptanz der natürlichen Auf- und Ab-Bewegungen des Lebens geführt: Ich bin liebevoller mir gegenüber. Was durch meinen Kopf zieht, ist nicht mehr so wichtig. Eigentlich absolut irrelevant. Ich erlaube mir, meine Gedanken aus der Hängematte zu beobachten, als würde ich im Kino sitzen. Oft mit einem Schmunzeln im Gesicht. Dadurch erlebe ich immer wieder, dass uns das Leben auf dem Silbertablett bedient. In den schwersten Krisen. Als ich mich von meiner Mutter verabschieden musste. Als ich ratlos am Spitalbett meiner Tochter saß. Als uns die Schule mitteilte, sie

könnte nicht mehr zurück in ihre Stammklasse, weil sie zu lange gefehlt habe. Als wir monatelang zu Hause eingesperrt waren, weil die Pandemie uns die Freiheit klaute.

Das Leben ist nie ohne Herausforderungen. Aber es ist bedeutend leichter, wenn wir wissen, mit welchem Material wir es zu tun haben (Gedanken, Bewusstsein & Lebenssaft). Und wenn wir uns daran erinnern, dass wir immer genug und angekommen und intakt sind. So können wir uns in alles hineinlehnen, was ist. So bleiben wir offen für die unendlichen Möglichkeiten des Lebens. Frei von Widerstand gegenüber unangenehmen oder angenehmen Gefühlen. – Alle vier Himmelsrichtungen im Bewusstsein, auch wenn manchmal nur zwei davon sichtbar sind.

DER WEG ZURÜCK

STATUS QUO: VON AUßEN NACH INNEN

EINE DENKERIN TRIFFT AUF DIE WEISHEIT UND FRAGT:
»WARUM HÖRE ICH DICH SO SELTEN?«
DIE WEISHEIT: »WEIL DU MICH ÜBERALL SUCHST.«

Es ist trendy, Probleme zu haben. Die meisten haben welche. Nicht eines oder zwei, sondern viele! Manchmal kleine und unbedeutende, manchmal große, schwere und wichtige. Ich erinnere mich, wie ich als Kind neugierig Erwachsenen zuhörte, die Probleme diskutierten. Sie redeten stundenlang und nickten ernst. Probleme machen Menschen und das Leben irgendwie bedeutsam, dachte ich mir. Und um sie zu lösen, braucht es gebildete Menschen, wissenschaftliche Methoden oder viel Schnaps und Zigarren ...

Das Leben sieht manchmal aus wie ein Puzzle für Schlaumeier mit Diplomen oder Universitätsabschluss. Wir sind es gewohnt, dass Menschen sich mit Lärm und mit Problemen beschäftigen. Der Lärm in uns selbst passt zur Empörungskultur, die von vielen Politikern und Medien bewirtschaftet wird. Und es ist ja sehr verständlich, dass man in einer komplizierten Welt wie dieser unglücklich wird. Eine Welt, in der sogar Präsidenten großer Länder so kaputt denken und regieren, dass es einem übel wird. Wer soll da überhaupt zufrieden oder glücklich leben können?

Die halbe Welt ist spezialisiert darauf, menschliche Problem-Rucksäcke leichter zu machen. Eine Horde von Expert:innen ist da, um Abhilfe zu schaffen, zu heilen und zu therapieren. Und niemand fragt sich, weshalb die Anzahl dieser Rucksäcke nicht weniger und die Last nicht leichter wird. Weshalb es immer mehr Menschen mit großen Problemen gibt. Kinder, Jugendliche und Erwachsene, die komplett verloren sind und in Kliniken eingewiesen werden müssen, deren Wartelisten immer länger werden.

Kann es sein, dass da ein Programmierfehler ist, den keiner sehen will? Könnte es sein, dass wir alle in die Sackgasse rennen und es nicht mal realisieren? Könnte es sein, dass (fast) keiner den Mut hat, etwas Neues zu sagen?

Was uns normal vorkommt, ist noch lange nicht hilfreich. Es braucht einen Richtungswechsel. Denn es läuft einiges verkehrt im aktuellen Verständnis von ›Problemen‹, in dem wir das Leben als kompliziert und uns als Opfer wahrnehmen. Dieser Umgang führt zu unnötigem Leiden. Es gibt einen anderen Weg, weg vom Lärm, raus aus dem Dickicht hin zur Einfachheit und Ruhe.

»Hallo, was ist dein Problem?«

Stell dir folgenden fiktiven Dialog vor. Tom: »Hallo Anna, wie geht es dir?« Anna: »Danke, ich fühle mich super. Ich freue mich, wenn ich am Morgen aufstehe, ich sprühe vor Energie und ich kann es kaum erwarten, der Welt meine Talente und Einzigartigkeit zu zeigen!«

WEISHEIT UND DENKEN GEBEN SICH DAS
EHEVERSPRECHEN. DIE WEISHEIT SAGT:
»ICH WERDE IMMER BEI DIR BLEIBEN, IN GUTEN
WIE IN SCHLECHTEN TAGEN.«
DAS DENKEN ANTWORTET:
»ICH KOMME UND GEHE, WIE ES MIR GERADE
PASST, UND ICH WERDE DICH NUR DANN HÖREN,
WENN ICH WEG BIN.«

Nie in meinem Leben habe ich jemanden so sprechen hören. Wie schräg wäre solch ein Dialog? Und wie komisch ist es, dass Annas Sätze uns irritieren? Obwohl diese Energie absolut toll und ansteckend wäre. Weshalb halten wir uns lieber im verseuchten Fluss auf als an der Quelle des Bergbachs? Ich habe eine banale Vermutung: Wir haben sehr viel Übung darin, Schwierigkeiten und Probleme als Startpunkt anzusehen, sind es aber nicht gewohnt, von Lebensfreude und Klarheit als Standard auszugehen.

Immer mehr Menschen *denken, glauben, meinen, fühlen,* sie seien chronisch unzufrieden, unglücklich, depressiv, energielos, entscheidungsunfähig, panisch, gestresst, schlaflos oder krank. Viele ertrinken in dieser Problemwelt, aus der es scheinbar keinen Ausweg gibt. Ist das die neue Normalität? Ist es nicht irritierend zu sehen, wie viele Menschen in Problemen ertrinken und wie viele darauf spezialisiert sind, sie zu analysieren und zu lösen?

Es ist an der Zeit, einen Status quo zu hinterfragen, in dem Probleme als Humus für menschliche Abgründe

40

herhalten müssen. Menschen, denen es schlecht geht, erhalten von anderen Menschen Beweise, die ihren Zustand erklären und zementieren. Da stehen dann wissenschaftliche Wörter drauf, die mit etwas anfangen und mit -itis oder -störung aufhören. Es gibt gemäß des amerikanischen Psychiaters Dr. Bill Pettit mittlerweile über 2000 verschiedene Diagnosen für geistige Störungen. Wenn wir durch die Brille von ›Welches-Verhalten-ist-normal?‹ schauen, dann hat eigentlich jeder etwas, das nicht normal ist. Kinder, Jugendliche und Erwachsene. Mit dem Resultat, dass wir uns auf das Beschreiben einer Erbse beschränken und ignorieren, dass sie von einer Galaxie umgeben ist. Wo sind wir gelandet? Ist das normal oder was?

Es ist Zeit, die Diskussion zu verändern und in eine andere Richtung zu zeigen! Menschen, die leiden, verdienen es, etwas anderes zu hören. Sie verdienen es, Hoffnung zu spüren, anstatt ›Diagnosen‹ wie Gerichtsurteile in die Hand gedrückt zu bekommen. Sie dürfen erfahren, dass hinter dem Vorhang von Problemen, Störungen, Leiden, herausforderndem Verhalten etc. etwas anderes ist. Pure Lebensenergie und pures Kraftfutter, das für sie arbeitet und Veränderung möglich macht. Sie dürfen hören, dass das Leben keine Problemwerkstatt ist, in der Abnormales zurechtgebogen werden muss, sondern ein Kreativlabor voller Erfindergeist und unendlichen Möglichkeiten. – Und sie dürfen hören, dass die Natur alles Mögliche hervorbringt, aber gewiss keine ›Normalität‹. Denn das Leben zeichnet sich aus durch Variation, Chaos, Mutation, Zufall, Entwicklung, Veränderung.

Ich habe genug vom Status quo. Schon lange. Und es wird immer klarer: Ich will mehr von der unsichtbaren Welt

41

und ich möchte darüber sprechen, dass wir nie *unsere Probleme sind,* sondern aus Kraft und Saft bestehen. Das war die ursprüngliche Motivation, in die Tasten zu hauen und dieses Buch zu schreiben. Ich war frustriert und verärgert und ich wollte diesem Ärger Luft machen.

Aus Ärger und Frust wurde im Verlauf des Schreibens ein Gefühl von Vertrauen und Freude. Ein Gefühl für meinen Kern, der auch deiner ist. Ich lauschte auf das vertraute Rauschen des Bergbachs und vertraute darauf, dass es nichts anderes zu tun gibt, als dem zuzuhören, was schon immer da war.

Es blieben der bescheidene Wunsch und die Hoffnung, dass diese Texte in *einem* Menschen den Wunsch wecken, die eigene Kraftquelle wiederzuentdecken.

Die Klebeband-Methode

Im Oktober 2020 war ich auf der Autobahn unterwegs zur Urnenbeisetzung meiner Mutter. Ich wollte unbedingt pünktlich im Bergdorf ankommen. Ich war gedankenverloren. Mein Kopf wollte es immer noch nicht wahrhaben, dass ihr Körper Asche war und ihre Urne in einer kalten Nische auf dem Friedhof unseres Dorfes einziehen sollte. Sie hatte sich doch Anfang September noch neue Schuhe bestellt und mit meinem Vater Ferienpläne geschmiedet. Plötzlich leuchtete auf dem Armaturenbrett ein oranges Warnlicht auf. Nervosität kam auf. »Dieses blöde Warnlicht. Ich wollte nicht zu spät ankommen. Weshalb passiert das ausgerechnet jetzt?« – Mein Kopf war innerhalb kürzester Zeit auf Hochtouren. Glücklicherweise fand ich eine

Gelegenheit zum Anhalten. Ich parkte den Wagen, schaltete den Motor aus und wühlte in meiner Handtasche. Zu meiner großen Erleichterung fand ich Klebeband. Ich klebte zwei Stück davon in X-Form über das Warnlicht und startete den Motor. Erfolg! Ich sah das Warnlicht nicht mehr. Zufrieden setzte ich meine Fahrt fort ...

TRIFFT DER PLAN AUF DAS LEBEN UND SAGT:
»DU KOMMST MIR IMMER IN DIE QUERE.«
»TUT MIR LEID«, SAGT DAS LEBEN,
»ABER ICH HABE KEINEN PLAN, WOVON DU SPRICHST.«

Wie bitte? Das ist absurd? Dumm? Gefährlich? Ja, absolut. Die Klebeband-Methode ist allerdings sehr beliebt, wenn Probleme auftauchen. Wir starren auf das Warnlicht und beschäftigen uns mit der Frage, wie das Problem geflickt werden kann. Typischerweise in Beziehungen (Dinge, die uns am Partner nerven), in der Erziehung (Verhaltensweisen, die uns bei Kindern stören) und im Job (der mühsame Chef). Wir verhalten uns ähnlich wie Diktatoren, die den Überbringer einer schlechten Nachricht hinrichten lassen. Kurz: Wir beschäftigen uns mit dem Sichtbaren. Dort finden wir zwar das Drama, aber keine hilfreichen Antworten.

Fixierung auf Probleme macht das Leben immer kompliziert. Trotzdem ist es salonfähig, sich über ›Warnlichter‹ aufzuregen und darüber zu diskutieren. Im Privaten wie im Geschäftlichen und sowieso in der Politik. Wir machen die

Whistleblower gerne zum Sündenbock. Die gefälschten Bilanzen und den Dreck am Stecken wischen wir unter den Teppich und hoffen, dass sie nie zum Vorschein kommen. Es ist total in, empört zu schreien und sich als Opfer darzustellen. Selbst die Medien haben das verstanden und machen es für uns. Sie benennen in fetten Schlagzeilen die Probleme, die wir haben. Wer am lautesten schreit, der gewinnt anscheinend. Es ist in Mode, sich als Individuum und kollektiv unfair behandelt, schwach und ohnmächtig zu fühlen und das System und andere für sein Unglück verantwortlich zu machen. So erleben sich viele Menschen als ausgeliefert und ferngesteuert. Das führt immer öfter zum Kurzschluss – auch bekannt als Burnout oder XY-Störung oder Depression.

Wir stürzen uns im aktuellen Verständnis des Lebens auf Probleme wie die Fliegen auf das Fliegenpapier. Wir tun das, weil wir nie über die Natur der Dinge nachgedacht haben. Wenn wir die Technik eines Autos verstehen, dann wissen wir, dass nicht ein Warnlicht das Problem *ist*, sondern lediglich ein Problem anzeigt. Das Wichtige, der Motor und die ganze Elektronik, ist unsichtbar, unter der Oberfläche. Was fürs Auto gilt, gilt auch für das Leben: Wenn wir die unsichtbare Welt wieder in unser Bewusstsein einschließen, werden wir uns weniger mit dem herumschlagen, was uns schwierig und problematisch vorkommt. Wir werden Herausforderungen umgekehrt angehen. Sydney Banks beschrieb die Umkehrung der Welt so: »Was wir suchen, ist unsere Heimaterde – wir suchen, um den Weg nach Hause zu finden. Und um den Weg nach Hause zu finden, müssen wir alles umgekehrt betrachten.«

Im Übrigen: Ich benutzte damals beim Auto natürlich kein Klebeband, sondern kümmerte mich – zwar etwas spät, aber noch rechtzeitig – um das fehlende Motorenöl. Pünktlich um zehn Uhr war ich bei meiner Familie.

Im Irrgarten der Vergangenheit

Ich war mir bis vor zwei Jahren ziemlich sicher, dass meine Person eine Art rechnerisches Resultat ist. Nämlich die Summe aus: Kindheit + Kultur + Religion + Schulen + Sonstiges. So eine Art Matrjoschka, die aus mehreren übereinandergestülpten Puppen besteht.

Folglich dachte ich, dass ich das Geheimnis meiner Persönlichkeit und meiner Probleme lüften könnte, wenn ich die Matrjoschka auseinandernehmen wurde. Logisch. Viele Menschen tun das. Manche verbringen das halbe Leben damit, ihre Matrjoschka in Einzelteile zu zerlegen. Dabei übersehen sie, dass sich die Matrjoschka nie verändert, wenn man ihre Schichten studiert.

Ich kenne nur wenige Menschen, die mit Aufarbeiten weitergekommen sind. Dafür etliche Beziehungsdramen, die durch ›Wir-müssen-uns-endlich-alles-sagen‹ entstanden sind. Ich habe auch ein paar Mal versucht, meine Kindheit zu verarbeiten. Sobald ich Kirchenglocken oder das Wort Internat höre, bekomme ich ein seltsames Gefühl im Magen. Wenn ich an meine damalige Klavierlehrerin denke oder an die Tatsache, dass mir im Internat verboten wurde, mein Talent in der Leichtathletik auszuleben, dann kommt mir immer noch die Galle hoch. Solche repetitiven Gedanken über Dinge, die in der Vergangenheit schlecht gelaufen sind, gleichen einer zerkratzten Langspielplatte. Die Nadel kratzt immer wieder an derselben Stelle und hüpft zurück. Ich dachte, dieses Zurückspringen habe eine Bedeutung, die ich entschlüsseln müsse. Ich glaubte, das *Warum* sei wichtig und müsse beantwortet werden. Ich erkannte nicht, dass es meine Suppe war, die ich kochte.

Es führte dazu, dass ich Erinnerungen behandelte wie ein Archäologe seine Ausgrabungen. Ich hielt die sichtbare Welt für groß und wichtig, nahm Gedanken persönlich und gab damit der Vergangenheit Bedeutung und Gewicht. Mit dem Resultat, dass ich in meinem Kopf immer wieder die gleichen langweiligen Geschichten hörte, jemandem aus der Vergangenheit die Schuld für meine beschissenen Tage gab und es ab und zu sogar schaffte, die Gegenwart und aktuelle Beziehungen zu vergiften. Sydney Banks beschreibt diesen Vorgang so: »Wenn deine Gedanken auf einen negativen und steinigen Pfad wandern, nimm sie nicht zu ernst. Vermeide es zu analysieren, denn ich garantiere dir, dass du dich ewig analysieren wirst, nie zu einem Ende kommst und auf bittere Weise scheitern wirst, deinen Seelenfrieden zu finden.«

Es ist eine Sackgasse. Ich realisiere, dass Personen oder Ereignisse der Vergangenheit keine Macht haben über die Gegenwart. Denn sie können nur in meinen Erinnerungen existieren, die ich selbst bewirtschafte.

Ich bin aber nicht meine Erinnerungen, sondern das Dahinter, die Schöpferin der Gegenwart, die Gestaltungskraft jedes einzelnen Moments. Wir können nur zu Opfern der Vergangenheit werden, wenn wir den Gedanken Chefstatus verleihen und unsere Gestaltungskraft im Ganzen nicht erkennen.

Jeder Moment des Lebens ist hausgemacht. Mit unseren eigenen Zutaten, die wir uns am besten in der Frischeabteilung und nicht aus dem Kompost holen. Alles, was wir jemals erleben, ist zu 100 Prozent unser Rezept, unser Eintopf. Wir entscheiden, was in den Topf kommt und was nicht. Ist es wirklich so? Ohne Ausnahme? Ohne Ausnahme! Zu beweisen gibt es in der Welt der Prinzipien nichts. Dafür viel zu erfahren und zu erleben.

WENN SYDNEY BANKS BEZIEHUNGS-RATSCHLÄGE GEBEN WÜRDE: »LADE DEN AKTUELLEN MOMENT ZU EINEM DATE EIN UND LASS ALLE DATES MIT DER VERGANGEN-HEIT UND MIT DER ZUKUNFT SAUSEN.«

DIE 3 UNIVERSELLEN PRINZIPIEN

Sydney Banks' Moment der Klarheit

Der Theosoph Sydney Banks beschrieb 1973 drei universelle Prinzipien und löste damit in der Welt der Beratung, des Coachings, der Psychologie und der Psychiatrie eine kleine Revolution aus. Diese Prinzipien sind universell, weil sie für alle Menschen gleich zutreffen, unabhängig von Religionen, Kulturen oder Sprachen. Gemäß dem schottischen Schweißer, der gerade einmal neun Schuljahre absolviert hatte, ist das, was wir als Leben bezeichnen, eine Art persönliches Filmabenteuer, das sich bei allen Menschen aus denselben drei Bausteinen zusammensetzt: Geist (Weisheit), Bewusstsein und Denken.

»GEIST, BEWUSSTSEIN UND DENKEN SIND DIE DREI PRINZIPIEN, DIE UNS ERMÖGLICHEN, DIE EXISTENZ ZU ERKENNEN UND DARAUF ZU REAGIEREN. SIE SIND GRUNDBAUSTEINE UND DURCH DIESE DREI KOMPONENTEN ENTFALTEN SICH ALLE PSYCHOLOGISCHEN GEHEIMNISSE.«

SYDNEY BANKS

Die 3 Prinzipien, mit denen wir unsere Realität erfahren, also *mind* (unser Kern oder universelle Weisheit), *thought* (Gedanken) und *consciousness* (Bewusstsein), erschließen sich nicht über den Verstand, sondern über persönliche Erfahrung. Wir erfahren unsere wahre Natur über Aha-Erlebnisse, über Erkenntnisse oder Ideen aus dem Nichts, welche plötzlich aus verstopften Zugängen rausflutschen. Sydney Banks, der sich selbst lange Jahre immer als unsicher erlebt hatte, hatte im Herbst 1973 ein solches Aha-Erlebnis, das alles veränderte.

Er erzählt davon im Video »Syd's Experience«: »Mein Freund ist zu mir gekommen und hat gesagt: ›Weißt du was, Syd, gestern Abend hast du mir erzählt, du seist unsicher. Ich habe in meinem ganzen Leben nie so einen Blödsinn gehört.‹ (...) Was ich hörte, war: Es gibt so etwas wie Unsicherheit nicht, es ist nur Gedanke! Es traf mich wie eine Tonne Ziegelsteine, dass all meine Unsicherheit nur meine eigenen Gedanken seien. Es war, wie wenn eine Bombe in meinem Kopf explodiert wäre. Ich drehte mich um und sagte: ›Hast du eine Ahnung, was du gerade gesagt hast?‹ Und er sagte: ›Natürlich, ich produziere doch kein Geschwätz.‹ Ich (Sydney Banks) wusste, dass er das nicht tat, denn er hatte mir eben gerade erzählt, wie unsicher er selbst sei. – Es war so aufschlussreich. Es war unglaublich. Während drei Tagen und drei Nächten habe ich nicht geschlafen, weil so viel Schönheit in mein Leben gekommen ist, die ich bis dahin noch nie so erlebt hatte.«

Die Erkenntnis der Natur von Gedanken hat Syd Banks dermaßen eingeleuchtet, dass er wenige Zeit später einen Moment der kompletten Klarheit erlebte. Er sagte zu seiner verblüfften Frau und seiner Schwiegermutter: »Ich bin zu Hause, ich bin frei, ich habe die Welt erobert. Das bedeutet, dass du und ich in der ganzen Welt unterwegs sein werden. Ich werde die Psychologie und Psychiatrie verändern, sodass Millionen von Menschen geheilt werden.«

Die beiden Frauen schauten ihn an, als ob er den Verstand verloren hätte. Es war jedoch kein Bluff. Schon 1975 begannen Menschen nach Salt Spring Island zu ziehen, um von ihm zu lernen. Er veröffentlichte Audio-Aufnahmen und erste Bücher. Seine Wirkung auf Menschen scheint außergewöhnlich gewesen zu sein und bewog einige, in seine Nähe zu ziehen. Ab 1976 begannen erste Fachleute sich mit Banks Arbeit auseinanderzusetzen. Darunter George Pransky M.A. und Roger Mills Ph.D. Sie ließen sich von Banks in der Entwicklung eines neuen Paradigmas für die Arbeit auf dem Gebiet der psychischen Gesundheit beraten. Pransky und Mills wurden die ersten Fachpersonen, die ihre psychologische Praxis anpassten und ausschließlich auf Basis von Banks Verständnis der 3 Prinzipien arbeiteten.

Sydney Banks selber legte von Anfang an Wert darauf, die Inhalte von seiner Person zu trennen. Er ermutigte die Menschen, ihre Erkenntnisse und Einsichten selbstständig umzusetzen. Er war nie an einem Kult um seine Person interessiert. Im Gegenteil: Es wird erzählt, dass er, wenn Menschen ihn auf einen Sockel heben wollten, sie nach Hause schickte und sagte: »Go live your life.« In den folgenden 36 Jahren seiner Lebenszeit verbreitete sich Sydney Banks Lehre stetig. Er teilte seine Erkenntnisse unermüdlich. Am 25. Mai 2009 verstarb er im Alter von 78 Jahren. Sein Leben beschrieb er folgendermaßen:

»Ich war ein durchschnittlicher arbeitender Mann, nicht auf der Suche nach Wahrheit oder Weisheit oder auch nur

50

in dem Bewusstsein, dass es viel jenseits meines alltäglichen Lebens gibt. Warum ich? Ich werde es nie erfahren, aber mein Leben wurde zu einer mystischen Reise, auf der Menschen, die unter seelischen Qualen jeglicher Art litten, kamen, um mich sprechen zu hören oder meine Bücher zu lesen und schnell geistige Gesundheit und wahren Seelenfrieden fanden. Jetzt helfen viele dieser Menschen, sowohl Fachleute für psychische Gesundheit als auch Laien, Tausenden von anderen, den Frieden und das Glück zu finden, nach dem sie gesucht haben.«

Und damit zu den drei Prinzipien, die die Fähigkeit haben, Gedankengebäude abzureißen und uns ins Leben zurückzuführen.

1. Prinzip: Thought (Gedanke)

Wir erleben das Leben durch die Kamera unserer Gedanken. Sie sind das Verbindungsglied zwischen der unsichtbaren und der sichtbaren Welt. Unsere Lebenserfahrung verändert sich deshalb von einer Sekunde zur nächsten. Wir erleben über die Kraft unserer Gedanken nicht ›die Realität‹, sondern unsere eigene Version davon. Sydney Banks sagte: »Gedanke ist nicht die Realität; dennoch werden unsere Realitäten durch Gedanken erschaffen.« Diese Realität fühlt sich für uns sehr echt an, weil es das Einzige ist, was wir jemals erleben in unserem Leben: unser Denken über etwas. Wir erleben eine aus Tausenden von Möglichkeiten. Wenn wir nachts schweißgebadet aus einem Albtraum aufwachen und erleichtert feststellen, dass es nur ein Traum war, dann ist uns sehr klar, dass wir in einem Film waren, den wir selbst produziert haben. Mit den Gedanken, die wir am Tag erleben, ist es genau gleich: Sie sind genauso individuell, willkürlich, unpersönlich und vergänglich.

Bedeutung können Gedanken nur erhalten, wenn wir uns bewusst entscheiden, ihnen Gewicht zu verleihen. Wir haben freien Willen, der es uns erlaubt, das Leben so zu sehen, wie wir es möchten. Sydney Banks beschrieb diesen freien Willen als eines der größten Geschenke: »Zu den größten Geschenken, die uns gegeben wurden, gehören die Kräfte des freien Denkens und des freien Willens, die uns den Stempel der Individualität verleihen und uns ermöglichen, das Leben so zu sehen, wie wir es wollen.«

Mein Neffe A. (10) hat sich bewusst dafür entschieden, mit der Kraft seiner Gedanken ans Christkind zu glauben, obwohl er weiß, dass es bloß eine schöne Geschichte ist. Auf jeden Fall fühlt es sich für ihn gut an, daran zu glauben. Er nutzt die Kraft der Gedanken gezielt für seinen Genuss. Ungefähr so können alle Menschen ihren Gedanken Glauben schenken und sich glücklich oder unglücklich machen.

Auch Sydney Banks hatte sich, so wie die meisten Menschen, mit seinen Gedanken beschäftigt. Sein Freund machte ihm klar, dass er sich diese selbst ausdachte. Bam! Und den Rest hat er sich dann aus der unsichtbaren Welt gesaugt. Ein einziger kleiner Satz führte zu einem massiven Perspektivenwechsel mit weitreichenden Folgen. Sydney Banks hat aus seinem Erlebnis Schlüsse gezogen, welche nicht unbedingt neu waren, aber in dieser Form und Klarheit neue und erfrischende Sichtweisen erlaubten.

Wir sehen die Welt nicht so, wie sie ist, sondern wie sie uns von unseren Gedanken präsentiert wird.

52

Das haben wir doch schon einmal am Stammtisch gehört, nicht? Jeder sieht halt die Welt durch seine Brille. Wenn diese rosa ist, dann sieht alles rosa aus, und wenn sie schwarz ist, dann sieht alles schwarz aus. In Wahrheit ist die Welt aber weder rosa noch schwarz. Sie hat weder Farbe noch Bedeutung ohne unser Zutun. Sie ist eine weiße Leinwand und wir kommen dann mit dem Pinsel und malen, was uns gerade passt. Wir sind die Gestalter:innen der Leinwand!

>WIR AKZEPTIEREN DIE REALITÄT DER WELT, MIT DER WIR KONFRONTIERT WERDEN. SO EINFACH IST DAS.«

CHRISTOF IM FILM »THE TRUMAN-SHOW«

Ja, aber ... wie ist es denn mit der Wahrheit? Gute Frage. Stell dir zwei Menschen in atemberaubender Natur vor. Sie schlüpfen am Morgen aus dem Zelt. Er griesgrämig, sie nicht. Er sieht den Kuhfladen vor dem Zelt, sie den Sonnenaufgang. Was ist wahr? Beides und nichts. Für ihn ist der Kuhfladen seine Realität. Für sie das Erleben der Schönheit des Sonnenaufgangs. Beide befinden sich in der gleichen Umgebung in einem komplett anderen Film. Er ist unglücklich, sie ist glücklich. Wahrheit ist irrelevant. Die Frage ist nur: In welchem Film wollen *wir* lieber mitspielen? In einem Film des Leidens oder in einem Film des Gestaltens?

Wir können wählen. Wir sind frei.

2. Prinzip: Mind (schöpferische Dynamik)

Wir sind nicht Gedanken und wir sind nicht unsere Gefühle. Das ist die Ebene des Erlebens. Wir sind nicht, was wir erleben, sondern das Darunter. Wir sind das, was Sydney Banks mit ›Mind‹ bezeichnet. Auf Deutsch wird dieser Begriff oft mit *Geist* oder *Verstand* übersetzt. Beide Begriffe treffen das englische Wort *Mind* nur teilweise. Verstand und Geist sind im Deutschen für viele Menschen intellektuell oder religiös geprägt. Deshalb wähle ich Begriffe, die aus meiner Erfahrung mit *Mind* entstanden sind. Ohne Anspruch, dass diese Begriffe für alle gültig sind.

»IN JEDEM STECKT EIN RISS, SO KOMMT DAS LICHT REIN – ABER ICH SEHE DAS ANDERS, DAS LICHT IST SCHON DRIN UND DURCH DEN RISS FLIEßT DAS LICHT RAUS.« JACK PRANSKY

Mind ist die universelle Energie oder Kraft, die sich als schöpferische Dynamik oder Kreativität zeigt. Es ist das unsichtbare Urprogramm, wofür es keinen eindeutigen Namen gibt und deshalb ganz viele Umschreibungen und Geschichten. Es ist das, was wir als Wunder wahrnehmen, wenn wir tolle Ideen, Aha-Erlebnisse oder Erkenntnisse haben. Es steht für all das: Gott, Allah, Shakti, Shiva, Om, Chi, Geist, Gaia oder das ewige Licht und ist dennoch nichts davon, weil es schon vor den Wörtern war und auch nach den Wörtern noch da sein wird.

Mind ist größer und unendlicher als menschliche Vorstellungskraft:

- Es ist das, was die Vögel in Richtung Süden leitet.
- Es ist das, was Millionen von Zellen im Körper miteinander kommunizieren lässt.
- Es ist die ewige Ausdehnung des Universums.
- Es ist dein Herz, das einfach so schlägt.
- Es ist das, was die Blätter treibt.
- Es ist die Urkraft, die in allem ist.
- Es ist das Mysterium der Welt und des Universums.
- Und es ist noch viel mehr: »Für den menschlichen Geist gibt es weder ein Ende noch eine Begrenzung«, wie Sydney Banks betont.

Mind ist das Magnetfeld, welches die Nadel unseres inneren Kompasses zuverlässig nach Norden ausrichtet. Mind ist unzerstörbar wie die Schwerkraft. Wir erleben dieses Prinzip nie intellektuell, sondern über ein Gefühl, das nicht exakt beschrieben werden kann, weil es eben individuell ist.

Für mich ist es Kraft und Ruhe, Zuneigung und Lebensfreude. Die pure Quelle des Bergbachs. Das solide Fundament des Berges Calanda, der vor unserer Haustür stand. Mind wird spürbar und erlebbar, wenn ich das Leben und die Zeichen des Moments höre und annehme. Wenn ich frei von Widerstand lebe. Meinen Gedankengebäuden die Bedeutung kleiner Strohhütten gebe und wenn ich mit den Hochs und Tiefs des Lebens mitgehe. Dann drückt immer wieder diese Kraft durch, die ich weder durch Wollen noch Gescheitsein anzapfen kann.

Das Schlusswort hat Sydney Banks: »Wenn die Weisen uns sagen, dass wir nach innen schauen sollen, leiten sie uns jenseits der intellektuellen Analyse des persönlichen Denkens zu einer höheren Ordnung des Wissens, die Weisheit genannt wird.«

3. Prinzip: Consciousness (Bewusstsein)

Das Bewusstsein ist nach Sydney Banks das Geschenk der Wahrnehmung (*the gift of awareness*). Er bezeichnete das menschliche Bewusstsein als eine Kraft, die es uns ermöglicht, die Welt der Schöpfung, zu der auch das Denken gehört, zu beobachten. Bewusstsein ist ein Werkzeug, das Distanz zu dem schaffen kann, was wir als Realität erleben. Wir können nicht dasselbe sein, was wir beobachten. Realität präsentiert sich uns über Gedanken und Gefühle. Mit dem Bewusstsein können wir erkennen, dass wir noch etwas anderes sind.

Bewusstsein ist wie eine Aussichtsplattform, von der aus wir das Leben erleben. Das heißt: Gedanken wahrnehmen, Gefühle spüren und wissen, wo wir uns befinden. Wenn wir oben auf der Plattform sitzen, haben wir die Fähigkeit, das Geschehen zu beobachten. Das verschafft Klarheit, unabhängig davon, wie es gerade läuft. Von dieser Plattform aus lässt sich erkennen, wie unser nächster Schritt aussehen soll. Wenn wir tief unter der Plattform sitzen, dann sehen wir vor allem Probleme, die unlösbar erscheinen. Dann erleben wir das Leben als kompliziert und Situationen als schwierig.

Ob unser Bewusstsein hoch oder tief ist, hängt davon ab, ob wir mit Verständnis auf unsere (oder diejenigen der anderen) Gedanken blicken oder mit Angst. Das sind die zwei Pole des Bewusstseins. Wir können unser Leben vom warmen, gemütlichen Pol aus betrachten oder vom kalten, angstbeladenen Pol. Je nachdem sehen wir im Kuhfladen willkommenen Dünger für die Wiese und Nahrungsquelle für diverse Tiere oder eine eklige Möglichkeit auszurutschen.

»IRGENDWO IN DEN TIEFSTEN TIEFEN UNSERES BEWUSSTSEINS LIEGEN DIE ANTWORTEN AUF DIE FRAGEN, NACH DENEN DIE GANZE MENSCHHEIT SUCHT.« SYDNEY BANKS

Sydney Banks beschrieb diese zwei Richtungen des Bewusstseins so: »Wenn unser Bewusstsein sinkt, verlieren wir unser Gefühl von Liebe und Verständnis und erleben eine Welt der Leere, Verwirrung und Verzweiflung. Wenn unser Bewusstsein aufsteigt, erlangen wir die Reinheit des Denkens und im Gegenzug unser Gefühl von Liebe und Verständnis zurück.«

Können wir uns wirklich frei entscheiden, ob wir vom kalten oder vom warmen Pol aus auf den Kuhfladen blicken möchten? Ja, wir können. Denn wir sind keine Marionetten, sondern aktive Teilnehmer:innen in diesem Leben. Auch wenn es unmöglich aussieht, können wir uns bewusst für die andere Richtung entscheiden. Selbst wenn wir nicht daran glauben. Sydney Banks beschrieb es so: »Wenn ein Tauber die brechenden Wellen nicht hört und ein Blinder die Schönheit des Herbsthimmels nicht sieht, heißt das nicht, dass das Meer und der Himmel nicht existieren.«

Ein Experte für diesen Richtungswechsel war im Übrigen Winnie Pooh. Er wusste, dass wir uns einfach von dem entfernen müssen, wo wir waren, um dahin zu kommen, wohin wir wollen: »Ich komme immer dorthin, wohin ich gehe, indem ich von dort weggehe, wo ich schon war.«

WAS DAS VERSTÄNDNIS DER 3 PRINZIPIEN BEWIRKEN KANN

Das Verständnis der 3 Prinzipien wirkt auf alle anders, weil es nicht über den Intellekt, sondern über persönliche Erkenntnisse erlebbar wird. Meine erste und größte Erkenntnis betraf die Beziehung mit meinem Denken. Ich habe Gedanken oft wie saure Milch behandelt. Anstatt sie zu entsorgen, schaute ich sie immer wieder an. Regelmäßig öffnete ich den Eisschrank und nahm einen Schluck der sauren Milch. Und dann wunderte ich mich, wie eklig das war. Ich unterhielt mich gerne über saure Milch (= Probleme) und Menschen rundherum nickten verständnisvoll ... denn sie hatten auch welche bei sich zu Hause. Und manchmal ergab sich dann ein Austausch über die Welt der sauren Milch. – Wo dieser Austausch hinführt? Zu einem Austausch über saure Milch.

»WENN GEDANKEN ECHT WIRKEN, DANN LEBEN WIR IN EINER WELT DES LEIDENS. WENN SIE SUBJEKTIV WIRKEN, DANN LEBEN WIR IN EINER WELT DER AUSWAHL. WENN SIE WILLKÜRLICH WIRKEN, DANN LEBEN WIR IN EINER WELT VON MÖGLICHKEITEN.«

MICHAEL NEILL

Eine neue Beziehung zu Gedanken

Ich habe jahrelang unbewusst so getickt. Ich hielt mein Denken für wichtig und relevant – und für ein bisschen relevanter als das Denken anderer Menschen. Ich befand mich in einer Art Denkwettbewerb. Schließlich hatte ich etwa acht Jahre an Universitäten verbracht und neunzigseitige Arbeiten geschrieben (die keinen interessierten). Ich dachte folglich, ich müsse mich mit meinem wichtigen Gedankenmaterial beschäftigen. Einige meiner Lieblingsgedanken waren:

»Ich bin nicht sehr selbstbewusst, weil ich das jüngste von sieben Kindern bin.«

»Ich bin zu kurz gekommen, weil ich das jüngste von sieben Kindern war.«

»Sieben Jahre im katholischen Internat haben mich negativ geprägt fürs Leben.«

»Ich weiß nie, was ich will, weil ich als Kind im Bergdorf viele meiner Talente nicht ausleben und mich deshalb nicht entfalten konnte.«

»Wenn ich irgendwo anders aufgewachsen wäre, dann wäre ich Profisportlerin geworden.«

»Ich würde lieber wieder in Holland leben als in der Schweiz.«

»Die Schweizer sind bünzlig.«

»Das Schulsystem macht die Kinder kaputt.«

»Ich bekomme mit 45 Jahren beruflich nichts mehr auf die Reihe.«

Ich gab diesem Gedankenarchiv Bedeutung und suchte darin nach Zusammenhängen, Mustern und Antworten. So wie viele Menschen. Und das tat ich immer wieder bis

2019, als mir Lea sagte, dass es in der Analyse dieser Gedanken nichts Wertvolles für mich gebe. Dass ich nichts, außer Limiten und mehr vom Gleichen finden, aber definitiv keine frische Brise erleben würde.

Gedanken-Bewirtschaftung ist eine Betätigung, die das Leben schwer, anstrengend und ungenießbar macht. Aus dem ›Spiel des Lebens‹ wird der ›Kampf des Lebens‹. Anstatt ›Natur der Sache‹ erleben wir Chaos. Sydney Banks sagte: »Pessimismus ... ist eine Krankheit des menschlichen Denksystems, die den Denker in die Dunkelheit der Verzweiflung führt.«

Weshalb so weitermachen? Und noch viel wichtiger, wie können wir den Umgang mit unseren Gedanken verändern? Also doch meditieren, Ausdauersport machen, positiv denken oder mit Wein runterspülen?

Nichts davon. Gedanken brauchen wir weder zu manipulieren noch schönzureden. Eine leichtere Beziehung zu den Gedanken erfordert keine Technik, sondern Verständnis für die Natur der Sache. Der Umgang mit Gedanken verändert sich automatisch, wenn wir erkennen, mit welchem Material wir es zu tun haben. Gedanken verlieren dann ihre Bedeutung und Macht.

Deshalb zur Gretchenfrage: Was sind Gedanken? Was ist die Natur von Gedanken? Und woher kommen sie?

Sydney Banks sagte dazu: »Gedanken sind der Hauptschlüssel, der die Welt der Realität für alle Lebewesen erschließt.« Unser Hirn produziert sie dauernd. So wie ein Baum Sauerstoff oder ein Bergbach Lärm erzeugt, erzeugt unser Hirn Gedanken. Es tut seinen Job. Wir leben in einem permanenten Gedankenstrom, mehrere pro Sekunde und bis zu 50.000 am Tag! Wir erleben alles über unsere persönliche Gedankenwelt. Das ist weder gut noch schlecht. Es ist einfach so. Das ist die Natur der Sache. Gedanken sind die kreative Grundlage unserer Lebenserfahrung. Wir können nichts erleben, ohne einen Gedanken zu haben. Wer das nicht glaubt, soll es ausprobieren!

Das Hobby von Gedanken?
Kommen und gehen.

Die Natur dieser Gedanken ist vergleichbar mit dem Wetter: Es ziehen immer Gedanken durch unseren Kopf, so wie Wolken am Himmel ziehen. Sie haben keine Bedeutung. Genauso wie Wetter keine Bedeutung hat. Sie sind einfach. Einmal hell, einmal dunkel, einmal leicht, einmal schwer. Gedanken ermöglichen unser Erlebnis. Sie sind unsere Kamera zur Welt.

Das Hobby der Menschen?
Gedanken festhalten.

Gedanken sagen *nichts* darüber aus, wer wir oder die anderen sind. Dr. Amy Johnson bringt es noch mehr auf den Punkt, indem sie sagt, dass die Gedanken, die durch unseren Kopf gehen, nicht einmal uns gehören. Sie sind unpersönlich.

Die unpersönliche Willkür unserer Gedankenwelt wird klarer mit Gedankenspielen:

- Wissen wir, was wir als Nächstes denken werden oder was wir vor 22 Tagen oder vier Monaten gedacht haben?
- Wissen wir, was jemand denkt, der im gleichen Zugabteil sitzt und durchs gleiche Fenster blickt?
- Wissen wir, was die Menschen in einer Konzerthalle denken, wenn alle dieselbe Musik hören?
- Wie oft am Tag denken wir Gedanken, die absolut wahnsinnig, peinlich, gesetzeswidrig und unmöglich sind?

All das führt zu einer befreienden Erkenntnis: Gedanken sind reine kreative Energie, die zu unserer Ausstattung gehört. Ein produktives Kunststück unseres Gehirns. Ein willkürlicher, permanenter Strom aus Ideen, Geschichten, Konzepten, Erzählungen. Weder wahr noch falsch. Mit den Gedanken eines aktuellen Moments erleben wir nur *eine* von Tausenden von möglichen Realitäten. Wenn uns das, was wir erleben, nicht gefällt, dann ist eine neue Realität und ein besseres Gefühl nur einen Gedanken weit entfernt. Ohne dass wir uns anstrengen müssen. Wenn das Wetter schlecht ist, dann brauchen wir nur zu warten, bis das nächste Hochdruckgebiet kommt. Und dann lohnt es sich, den Schirm zuzumachen. Wenn positive, hilfreiche, klare Gedanken zu uns kommen, dann lohnt es sich, die Ohren zu spitzen und zuzuhören:

»Positive Gedanken schaffen einen gesunden Geist und ein ausgeglichenes Leben. Optimismus ist eine spirituelle Qualität und ein wegweisendes Licht, das dich zu deinem Glück führen wird.«

Mit einem neuen Bewusstsein für die Natur der Gedanken wird das Leben leichter, ohne dass sich etwas verändert. Alles riecht nach Freiheit, nach Möglichkeiten und nach Leichtigkeit. Es lohnt sich, an belastenden Gedanken vorbeizuschauen, um diesen Schatz zu entdecken. Sydney Banks hat das Schlusswort dazu: »Deshalb müssen wir an unseren belastenden Gedanken vorbeischauen, um die Reinheit und Weisheit zu finden, die in unserem eigenen Bewusstsein liegt.«

Das *Wie* hat sich erledigt

Die zweite große Veränderung in meinem Leben betraf die ewige Frage nach dem Wie. Wie geht das Leben? Was muss ich tun, damit es leichter wird? Diese Frage stellen sich früher oder später alle, die sich mit den Prinzipien beschäftigen. Wie kann dieses Verständnis der 3 Prinzipien zu einem besseren Leben führen? Die gute Nachricht klingt vorerst nach einer schlechten: Wie es geht, kann niemand beantworten. Sonst wären wir wieder in der Welt der Ratschläge und Tipps. Es gibt nur Wegweiser in die Richtung von ›Mind‹ oder in die Richtung eines Gefühls.

Dr. Amy Johnson sagt, es brauche Neugierde auf die unsichtbare Welt hinter dem Denken, auf diesen unbekannten Raum, der sich auftut, wenn wir ihn in unser Bewusstsein integrieren. Doch letztlich führt der Weg aus dem

Chaos über ein gutes Gefühl und eigene Erkenntnisse. Etwas, das so stark und ruhig und klar ist wie der Bergbach aus meiner Kindheit.

» MEINE WORTE MÖGEN ZU EINFACH ERSCHEINEN, ABER ICH SAGE NOCH EINMAL, DIE WAHRHEIT IST EINFACH. SUCHT NACH DEM GESUNDEN MENSCHENVERSTAND, DEM BLOSSEN GESUNDEN MENSCHENVERSTAND. « SYDNEY BANKS

Seit 2019 hat sich meine Suche nach dem Wie komplett erledigt. Das Wie ist irrelevant geworden. Ich muss nicht mehr angestrengt nach Antworten suchen. Eine schockierende und befreiende Erfahrung gleichzeitig! Denn das Chaos begann vorher immer beim Wie. Wie kommen wir in die eigene Kraft, wie finden wir innere Ruhe, wie können wir unserer Gedankenwelt entfliehen, wie sollen wir mit brennenden Problemen umgehen? Die Anzahl an Methoden und Anleitungen ist erdrückend. Wer Erfolg hat, der macht sein Rezept zum neuen Standard, verpasst ihm ein Label und vermarktet es. In der Flut der Wellness-, Gesundheits- und Ratgeberliteratur braucht man Schwimmhilfen, um nicht zu ertrinken.

Darf es auch anders sein? Darf Leben einfach sein? Sydney Banks' Verständnis hat auf mich gewirkt wie ein nasser Schwamm auf eine vollgekritzelte Wandtafel. Sie ist jetzt einfach leer und aufnahmefähig. Die Zuständigkeiten für mein Leben und mein Erleben sind geklärt. Ich weiß,

66

dass ich persönlich in der Chefetage sitze. Immer. Ich bin CEO meiner eigenen Gedanken und meiner Gefühlswelt. Sie ist einzigartig und zu 100 Prozent hausgemacht. Niemand außer mir ist dafür zuständig. Ich weiß, dass mein persönliches Denken genauso viel Bedeutung hat wie Wetterkapriolen: Sie finden statt, sind willkürlich und sagen nichts aus über mein Leben oder mich. Wenn ich mich über Situationen oder Menschen aufrege, dann schadet es nur mir, nicht dem Wetter. Es sagt etwas über mich aus, aber nicht über die Wolken. Das gibt Handlungsspielraum.

Denn unter der Gedankenwelt befindet sich das Eigentliche: ein Gefühl, ein Kompass, mein Polarstern, mein Butler. Nichts davon ist wetterabhängig. Alle vier Himmelsrichtungen sind und waren immer schon da, unabhängig von der Großwetterlage. Seit dem Tag meiner Geburt und schon lange vorher.

Heute bin ich aufmerksamer, wenn die Tage schwer sind wie Blei. Ja, das passiert immer noch, denn das Leben kommt einmal mit ›Vollpension‹. Ich muss dann aber weder dramatisieren noch verstehen noch mich anstrengen … Die Hausaufgaben fallen weg.

Es reicht zu wissen, wo ich mich auf der Landkarte der 3 Prinzipien befinde: Bin ich gerade eingeschlossen in meiner Gedankenwelt? Sehe ich überall Probleme? Fühle ich mich gestresst und pessimistisch? Beschuldige ich die Menschen um mich herum? Dann weiß ich, dass ich gerade den verseuchten Fluss irgendwo im Norden anschaue und dass es dort nichts zu holen gibt. Ich vertraue darauf, dass das Pendel wieder zurückschwingt und ich irgendwann wieder das Plätschern der Quelle hören werde.

Was für eine Erleichterung!! Ich erlebe das Leben aus einer völlig neuen Perspektive. Viel Ballast fällt weg. Einfachheit ist spürbar. Es riecht nach Abenteuer. Und ich habe mehr Zeit. Viel mehr Zeit, weil ich meinem eigenen und dem Lärm anderer keine Bedeutung mehr beimessen muss. Wenn mich Sätze anderer Menschen nicht mehr im Kern erschüttern, weil ich weiß, was sie sind und was ich bin: ein kleines Wunderwerk aus Ruhe, Klarheit und Antworten, das manchmal austickt. Damit lässt sich anders leben und handeln.

Es gelingt nicht immer, mir das vor Augen zu halten, aber immer öfter. Und dann erlebe ich magische Momente, für die es keine andere Erklärung gibt, als dass ich ein Teil von einem größeren Ganzen bin, dessen Dimension ich mit meinem winzigen Menschenhirn nicht mal erahnen kann. Das macht bescheiden und frei zugleich. Im Zweifelsfall weiß ich, dass die Tamina immer noch durch mein Dorf fließt, und ich weiß, wo ihre Quelle ist.

Übrigens: Yoga und andere körperliche Betätigungen gehören immer noch zu mir und grüne Smoothies trinke ich auch, wenn es Stangensellerie im Eisschrank hat. Bewegung, Ernährung und andere Tätigkeiten müssen allerdings nicht mehr und nicht weniger tun, als ein gutes Gefühl zu erzeugen. Ich tue Dinge, wenn sie das nähren, das schon in mir drin ist. Da spielt es keine Rolle, ob ich Gewichte stemme, wandere, räuchere, im Garten grabe oder mit unseren Kindern auf dem Sofa fläze. Das Wie hat sich erledigt. Alles ist möglich, wenn es nichts mehr zu tun gibt. Alles ist immer schon gut.

ERKENNTNISSE

ICH SITZE AM MISCHPULT

Du brauchst nicht zu weinen. Es ist doch nicht so schlimm. Das geht vorbei. Sei nicht so empfindlich. Höre auf zu jammern. Jetzt lach doch mal wieder. Denke positiv! – Wie oft hast du schon Sätze benutzt oder gehört, mit denen wir bei uns oder bei anderen Gefühlsausbrüche ausradieren, ausdiskutieren oder ausgleichen wollen? Es ist fast schon ein Volkssport, den Jungs das Weinen abzugewöhnen und den Mädchen die Angst auszureden.

Ich erlebte in den Jahren 2019/2020 so viele Gefühlslawinen wie selten zuvor: Angst, Trauer, Ungewissheit und Sorgen gehörten zum Alltag. Meine Beziehung zu Gefühlen hat sich in dieser Zeit komplett verändert. Sie sind nicht mehr bedrohlich. Denn ich weiß, dass sie zu mir gehören, so wie der Blutkreislauf zum Körper. Es geht nicht ohne, wir können nicht ohne. Ein Mensch ohne Gefühle wäre wie ein Hund, dem man verbietet, mit dem Schwanz zu wedeln, oder ein Herz, dem man verbietet zu schlagen. Die Frage ist: Woher kommen sie und wie sollen wir mit ihnen umgehen?

Bis ich Lea begegnet bin, dachte ich, Menschen oder Situationen würden in mir Gefühle erzeugen. Der Gedanke ist naheliegend, doch er verleitet dazu, der Außenwelt die Schuld an unserer schlechten Laune zu geben. So fühlt es sich nämlich an, wenn wir die Natur der Gefühle nicht beachten: Jemand oder etwas da draußen ist verantwortlich für das Drama in uns drin!

70

»NIMM ZUM BEISPIEL DIESEN ROSENBUSCH. WIR SEHEN ALLE DIE GLEICHE PFLANZE, ABER UNSERE WAHRNEHMUNG DER PFLANZE VARIIERT, JE NACHDEM, WIE JEDER VON UNS DENKT UND SIEHT. DER EINE SIEHT VIELLEICHT EINE KRÄFTIGE ROSE, EIN ANDERER EINE ROSE, DIE GESCHNITTEN WERDEN SOLLTE, UND EIN DRITTER SIEHT VIELLEICHT EIN DURCHEINANDER (...) DER ROSENSTRAUCH VERÄNDERT SICH NICHT; ES IST DIE ART UND WEISE, WIE WIR IHN PERSÖNLICH WAHRNEHMEN, DIE UNTERSCHIEDLICH IST; DIE ART UND WEISE, WIE JEDER VON UNS DENKT, DIE UNSERE WAHRNEHMUNG FÄRBT.«

SIDNEY BANKS

Als unser Kater im August 2020 vor unserem Haus überfahren wurde, erkannte ich wieder einmal, dass es umgekehrt läuft. Alle vier Mitglieder unserer Familie reagierten unterschiedlich auf diesen Schock. Natürlich war keiner von uns in Partylaune, aber die emotionalen Reaktionen waren dennoch bei jedem von uns anders. Denn wir alle hatten eine andere Version von ›June‹ erlebt. Mein Mann verlor einen der wenigen männlichen Mitstreiter in der Familie, ich verlor ein Sorgenkind (er war immer schon einer, der auf gefährliche Touren ging). Eines der Kinder verlor bereits zum zweiten Mal ›seine Katze‹. Das andere Kind verlor einen lustigen Kumpel und kam lange mit dem Gedanken nicht zurecht, dass ein Autofahrer auf dieser Straße hatte aufs Gas treten müssen.

Es wurde mir damals und später beim Tod meiner Mutter klar, weshalb Gefühle bei allen so anders sind. Unsere Gefühle (z.B. Trauer) sind direkt mit unserer Geschichte und unseren Gedanken über die Verstorbenen verbunden. Bei allen läuft ein anderer Film ab und deshalb erleben wir alle etwas anderes. Unsere Gefühle sind untrennbar verbunden mit unserer Gedankenwelt. Gefühle und Gedanken gehören zusammen wie Kopf und Zahl einer Münze. Gefühle sind die Schatten unserer Gedankenwelt. In den Worten von Sydney Banks: »Gefühle sind das Barometer unserer Gedanken.«

Es mag zuerst wie eine schlechte Nachricht klingen, aber eigentlich ist es der Befreiungsschlag: Wenn wir unsere Gefühlswelt selbst produzieren, wenn die Produktionslinie von innen nach außen läuft, statt umgekehrt, dann bin ich diejenige, die am Mischpult sitzt. Dann habe ich das Steuer in der Hand.

Ich weiß, dass viele unserer Erfahrungen trotzdem gegen die Richtung von innen nach außen sprechen. Eine Freundin von mir erlebte sogenanntes Gaslighting, also emotionale Gewalt durch eine nahe Bezugsperson. Ihre Beziehung und ihre Kommunikation waren oft vergiftet und sie war Manipulationsversuchen ihres Mannes ausgesetzt. Solche Menschen fangen unter Umständen an, an sich selbst zu zweifeln oder zu verzweifeln. Ist das also die Ausnahme von der Regel? Ist hier Fernsteuerung im Spiel? Werden wir unter extremen Umständen nicht automatisch zu Opfern?

Wenn dem so wäre, dann würden alle Menschen, die Gaslighting erleben, gleich darauf reagieren. Dem ist nicht so. Emotionale Gewalt kann unser Innenleben nicht zerstören. Nelson Mandela, der Kämpfer gegen Rassismus in Afrika, ist ein Beispiel dafür, dass zermürbende Gewalt keine Macht hat über die Innenwelt. 1964 wurde er verhaftet und wegen seiner politischen Aktivitäten im Kampf gegen Rassismus in Südafrika zu einer lebenslangen Haftstrafe auf der gefürchteten Gefängnisinsel Robben Island verurteilt. Erst 1990, nach *26 Jahren* Gefängnis, wurde Mandela freigelassen und später zum Präsidenten Südafrikas gewählt. Während der ganzen Zeit im Gefängnis empfand er nie Hass. Er wusste, wofür er lebte und kämpfte. Er wählte stattdessen Verständnis und Frieden und sagte den berühmten Satz: »Niemand wird geboren, um einen anderen Menschen zu hassen. Menschen müssen Hassen lernen und wenn sie Hassen lernen können, dann kann ihnen auch Liebe beigebracht werden. Liebe empfindet das menschliche Herz viel natürlicher als Hass.«

Wir sind immer frei. Unser Zugang zu Klarheit und frischen Gedanken kann uns nicht weggenommen werden. Das entschuldigt Täter:innen oder Taten in keiner Art und Weise. Es verharmlost emotionale oder körperliche Gewalt nicht im Geringsten. Aber es ist ein Lichtblick für Betroffene, zu wissen, dass sie *immer* die Kontrolle über ihre Innenwelt behalten. Dass unsere Quelle nie versiegt und auch nicht vergiftet werden kann. Wir tragen einen Schatz in uns, der von niemandem gestohlen werden kann. Das Funkeln der Goldstücke dringt immer zu uns. Auch wenn wir im Dunkeln sitzen. Auch wenn wir nicht perfekt sind. Es ist der Schatz der Hoffnung und des Vertrauens in uns selbst, der das Wertvollste ist, was wir je finden werden.

HINTER ALLEM IST ETWAS, DAS ZU UNS WILL

Unsere psychologische Realität besteht gemäß der Psychologin Dr. Amy Johnson aus zwei Welten: aus einer sichtbaren und einer unsichtbaren. Die sichtbare Welt beinhaltet die Gedanken und Gefühle, die wir von einem Moment zum nächsten wahrnehmen. Wenn wir diese Welt als echt, persönlich, wahr und wichtig erachten, dann wirkt die Realität schwer und kompliziert. Vor allem in Krisenzeiten, wenn das Gehirn ein wildes Feuerwerk an Gedanken ausspuckt.

Einer dieser Tage, die ich nie vergessen werde: Es war Anfang Januar 2020, als meine Tochter nach Spitalaufenthalt und wochenlangen Absenzen wieder in die 8. Klasse integriert werden sollte. Die bisherige Schule sagte: Geht leider nicht, zu viel verpasst. Jede Alternative wurde ausgeschlossen. Meine Tochter aber wollte einfach zurück in ihre alte Klasse. Was von außen wie Sturheit aussah, war gleichzeitig so klar wie das Wasser des Vierwaldstättersees. Aber es war eine Mission impossible. Und ich landete in der Sackgasse. Meine Tochter und ich wussten nicht mehr weiter. In meiner Verzweiflung entschied ich mich an jenem Nachmittag, das Haus zu verlassen und in unserem Dorf herumzuspazieren. Nach Hause kam ich mit einem Büschel Salbei und Kohle zum Räuchern. Es kam mir zwar lächerlich vor, aber ich räucherte jede Ecke unserer Wohnung aus, weil ich irgendetwas tun wollte, das mich ablenkte. Meine Tochter schaute mit wenig Enthusiasmus

74

zu, als ihr Zimmer an der Reihe war. Irgendwann setzte ich mich wieder aufs Sofa. Und da war plötzlich das Wort Homeschooling – wie ein weißes Kaninchen, das aus dem Zauberhut hüpft.

>>DER MANN HATTE SO VIEL VERSTAND, DASS ER FAST ZU NICHTS MEHR ZU GEBRAUCHEN WAR.<<
GEORG CHRISTOPH LICHTENBERG

Diese Idee, dieses Wort fühlte sich grandios an, obschon wir in einem Schweizer Kanton leben, in dem Homeschooling in der Oberstufe gesetzlich fast unmöglich ist. Das Gefühl jubelte zwar, der Verstand aber sagte: »Vergiss es!« Aber das weiße Kaninchen hatte solche Power, dass ich dranblieb und eine erste Telefonnummer wählte. Und tatsächlich ein kleines Wunder erlebte. Die Klassenlehrerin und die Schulleiterin unterstützten eine Hybrid-Lösung: halb Homeschooling, halb Präsenzunterricht. Ich rannte offene Türen ein. Alle hatten nach einer Lösung gesucht, aber es war an mir gelegen, sie zu erfinden. Eine Woche später war alles aufgegleist. Die Klasse feierte M.s Rückkehr mit einer Tanzparty, und die Schulleitung und wir waren uns einig, dass eine pragmatische Lösung besser sei als eine gesetzlich erlaubte. Die Dominosteine fielen in einem Tempo, das fast nicht nachvollziehbar war. Im Detail gab es viel zu tun, aber aus der Vogelperspektive hatte das Wort Homeschooling zum federleichten Ausstieg aus dem vermeintlichen Labyrinth geführt, in dem ich uns gesehen hatte.

Der Bergbach flüsterte mir augenzwinkernd zu: »Die Grenzen des Möglichen liegen nur in unserem Kopf.« Was gibt es also zu tun, um die unsichtbare Kraft ins Leben zu zaubern? Nichts. Es war nicht das Räuchern. Es war das Wissen, dass alles dazugehört. Das Vertrauen auf natürliche Veränderung. Die Akzeptanz der Situation. Das Ernstnehmen von dem, was unklar und klar war. Das Zuhören. Es reicht zu wissen, dass hinter allem noch etwas anderes ist, das zu uns will. Eine grandiose Ressource, die wir nicht auf Abruf anzapfen können.

LERNEN MIT LEICHTIGKEIT

Anfang Februar 2009 waren wir als Familie auf Weltreise. Ich saß am Rand eines Swimmingpools und ließ meine Beine im Wasser baumeln. Meine jüngere Tochter Z. quietschte vergnügt. Wir spielten ihr Lieblingsspiel: Ich warf zwei oder drei farbige Tauchstöcke ins Wasser, sie sprang kopfvoran vom Beckenrand in den Pool, tauchte bis zum Boden, sammelte die Tauchstöcke ein und brachte sie mir strahlend zurück. So lange und so oft, bis sie Elefantenhaut und blaue Lippen hatte. Nichts Spektakuläres … wäre meine Kleine damals nicht noch ein Kleinkind gewesen. Ihr dritter Geburtstag stand kurz bevor.

Niemand hatte ihr das Schwimmen *beigebracht*. Das Schwimmen war während unserer Reise und durch den ständigen Kontakt mit Wasser zu ihr gekommen. Sie bewegte sich nach einigen Monaten wie ein Fisch im Wasser und probierte voller Neugierde neue Techniken aus. Kopfsprung, Hundeschwumm, Baby-Freestyle und eben das Tauchen. Tauchen war definitiv toller als Schwimmen. Wir waren verblüfft. Ein kleines Menschlein entwickelte sich vor unseren Augen ohne jegliche Anstrengung zur gewitzten Wasserratte.

>>DER ERFOLGREICHE LEBT DAS LEBEN BEGEISTERT! ER IST EIN ECHTER FREUND DES LEBENS. UND DAMIT IST ER AUCH SEIN EIGENER FREUND.<< VERA F. BIRKENBIHL

Müheloses Lernen ist in unserem Design angelegt. Dazu braucht man keine Hirnforschung zu studieren (die diese Aussage untermauern würde). Die besten und wichtigsten Dinge lernen wir ohne Unterricht: das Gehen, das Laufen, die Muttersprache, das Spielen, das Kreieren. Wir sind perfekt konstruierte Lernmaschinen mit endlosem Potenzial.

Mein Neffe J. hat sich als Vierjähriger beiläufig das Lesen beigebracht. Es war eher eine Art Betriebsunfall. Er interessierte sich leidenschaftlich für die Welt der Pilze. Seine Patin schenkte ihm deshalb ein Buch über Pilze. Darin blätterte er stundenlang und fragte immer wieder nach bestimmten Namen, die er sich dann merkte und irgendwie den Abbildungen und den geschriebenen Wörtern zuordnete. So entschlüsselte er ganz nebenbei den Code des Alphabets, ein paar Millionen Synapsen in seinem Hirn verschalteten sich und nach ein paar Wochen konnte er lesen. So kamen Wörter wie Semmelstoppelpilz oder Gemeiner Holztrichterling aus dem Mund des Vierjährigen, was genauso verblüffend wie witzig war. Der größte Teil des Lernens geschieht also unbewusst ohne unser bewusstes Zutun.

Ist das Genie? Hochbegabung? Talent? – Es ist alles und nichts davon, denn alle Menschen haben, was es braucht, um Genie und Talent zu sein. Lernerfolg ist nicht zu verhindern, wenn Menschen leidenschaftlich ihren Interessen nachgehen dürfen. Ohne Zeitdruck und ohne Bewertung. Unser Gehirn lernt einfach, wenn wir von Freude, Passion und Neugierde geleitet werden. Von einem Roboter lernen wir die Muttersprache oder das Wort ›Semmelstoppelpilz‹ nicht. Dazu braucht es alle fünf Sinne. Den Geruch von Menschen, Beziehung, Projekten, eine echte Verbindung zum Leben oder ganz einfach ein gutes Gefühl.

Was würde sich verändern, wenn wir den Glaubenssatz ›Lernen ist hart‹ gegen ›Lernen geschieht mit Leichtigkeit‹ austauschen würden? Wie würde es sich auf die Lehrpläne, die Unterrichtsmethoden und die Bewertung der Leistungen auswirken? Bei diesem Thema gehen mir normalerweise die Pferde im Kopf durch: Ursprünglich artete dieses Kapitel in eine Abrechnung mit einem Schulsystem aus, das aus meiner Sicht so veraltet ist, dass jede Expertenkommission den rasanten Entwicklungen um Jahrzehnte hinterherhinkt. Ich wollte also abrechnen, bis mir dank des Hinweises einer aufmerksamen Leserin klar wurde, dass die Umkehrung der Formel *immer* zutrifft: Das Außen (Schule) kann das Innen der Kinder (Kern) weder ankratzen noch zerstören. Es mag für Eltern mühsam sein, Kinder durch diese Zeit zu begleiten. Es mag einen an gewissen Tagen zum Wahnsinn treiben. Und in vielen Familien stellt sich die Frage: Wie überleben wir die obligatorische Schulzeit mit Kindern, die nicht in die Backform passen?

Das Verständnis für die Natur der Dinge entschärft meinen Bildungssystem-Problemtopf und verändert den Umgang mit den täglichen Herausforderungen rund um Hausaufgaben und Matheprüfungen. Ich weiß, dass meine Kinder nicht die Noten sind, mit denen sie bewertet werden. Sie sind nicht das Produkt der Schule oder unserer Erziehung. Sie sind das Darunter. Und wenn ich die kleinen Menschen genau beobachte, dann ist dieses Darunter immer noch das exakt gleiche wie am ersten Lebenstag. Trotz französischer Vokabelprüfung und langweiligem Frontalunterricht. Ich entdecke immer wieder Perlen. Als M. im Spital war und alles kaputt erschien, hat sie tolle Bilder gemalt, die uns zeigten, dass alles gut war. In unserer Familie hat diese Unterscheidung viel Stress und Druck aus dem ganzen Hausaufgaben-, Noten- und Prüfungstopf herausgenommen.

Es passiert etwas, wenn wir vom Intakten ausgehen. Vom Starken. Vom Weisen. Ich messe die Kinder nie an ihren Noten, auch wenn sie selbst nicht anders können. Ich achte auf das Darunter im Wissen, dass es durch kein politisches oder schulisches System zerstört wird. Es gibt zu viele innovative, tolle Menschen auf dieser Welt, die unglücklich in der Schule waren und dennoch Großartiges tun. Von Literaturgrößen wie Thomas Mann bis hin zu Abraham Lincoln, dem berühmten amerikanischen Präsidenten, der nie eine staatliche Schule besucht hat.

Deshalb endet dieses Kapitel nicht wie geplant mit einer Anklage, die einen meiner blinden Flecken im Innen-Außen-Verständnis entlarvt hätte (ja, es gibt noch einige andere), sondern mit Wünschen und Visionen:

Weniger ist mehr: Ich wünsche mir Schulen, die wissen, dass das Beste aus den Kindern rauskommt, wenn sie sich wohlfühlen und entspannt sind.

Ein Gefühl vermitteln: Ich wünsche mir inspirierende Vorbilder und spannende Projekte, die den Kindern zeigen, dass das Geheimnis des Lebens im Gefühl liegt.

Zeige dich! Ich wünsche mir, dass Kinder ermuntert werden, ihren verrückten Ideen und Neigungen nachzugehen und so ihren Kern zu entdecken und sich auszudrücken.

Voilà. Drei Wünsche also, wie beim Flaschengeist. Das müsste doch machbar sein, oder?

IM ZWEIFEL FLIEGT DER AUTOPILOT

Die intensivsten Momente des Lebens erinnern uns oft daran, dass da noch etwas anderes ist. Im Winter 2017 beging ich einen Fehler mit Folgen. Wir waren mit Freunden auf dem Abstieg von der Rigi. Die Stimmung war gut, die Nachmittagssonne hell und als die vier Kinder fragten, ob sie alleine in Richtung Talstation wandern könnten, stimmte ich ohne zu zögern zu. Ich war als Kind schließlich mehrmals mit meinen Geschwistern allein von Bergen hinuntergerannt.

Es folgte eine kleine Katastrophe mit Ansage: Die Kinder verpassten eine Abzweigung, der Nebel stieg, die Sicht wurde katastrophal und die Zeit arbeitete gegen uns. Kurz vor 16 Uhr blieben noch etwa 50 Minuten Tageslicht, als wir realisierten, dass die Kinder sich verirrt haben mussten. Von diesem Moment an funktionierte ich auf Autopilot. Schnell, effizient und ohne ein Zögern. Es ist ein menschlicher Betriebsmodus, der nachträglich schwer zu erklären ist. Ein Sprint zur nächsten befahrenen Straße. Autostopp bis zur Talstation. Beschreibung der Lage beim Personal der Bergbahnen, welche die Suchtruppen der Schweizer Rettungsgesellschaft in Alarmbereitschaft setzte.

Dann kam von irgendwo die Idee einer ortskundigen Mitarbeiterin, eine andere Straße hochzufahren und abzusuchen, in der Hoffnung, dass die Kinder weiter westlich gelandet sein könnten. Ich war einverstanden, noch einmal zu suchen, bevor die Helikopter in die Luft und 250 Männer auf den Berg geschickt werden sollten. Wir stiegen ins Auto und fuhren los. Weit und breit waren keine Kinder zu sehen. Beim Wendepunkt der Straße wollten wir schon fast wieder umkehren und die Suchtruppen telefonisch aktivieren, als ich mich entschied aus dem Auto auszusteigen und Mamabär-Gebrüll in alle Richtungen zu schreien. Mein Körper war vollgepumpt mit Adrenalin. Die Stimmbänder kratzten und das Echo meiner Stimme hallte. Es war surreal. – Nach einer gefühlten Ewigkeit von vielleicht 15 Sekunden kam Antwort aus dem Nebel. Es waren die Kinder, die von weiter unten zurückriefen. Wir hatten sie gefunden! Sie waren am Leben, sie waren o.k.! Ich stürmte ihnen entgegen und mein Begleiter stoppte die geplante Suchaktion in letzter Minute. Zur Feier des Tages wurden die Kinder in einem Rettungsauto mit funkelnden Lichtern zur Talstation gefahren.

»DIE DINGE PASSIEREN GENAU AUF DIE RICHTIGE ART UND WEISE, ZUR RICHTIGEN ZEIT. ZUMINDEST TUN SIE DAS, WENN MAN SIE ZULÄSST, WENN MAN MIT DEN GEGEBENEN UMSTÄNDEN ARBEITET, ANSTATT ZU SAGEN ›DAS SOLLTE SO NICHT PASSIEREN‹ UND SICH ZU BEMÜHEN, DASS ES IRGENDWIE ANDERS LÄUFT.«
THE TAO OF POOH

Unser Autopilot zeigt sich in aller Deutlichkeit, wenn es ans Lebendige geht. Immer wieder lesen wir Geschichten von Menschen, die in eiskaltes Wasser springen, um Ertrinkende zu retten, oder Verletzte aus einem brennenden Auto holen. Es sind Momente, in denen das bewusste Denken keine Rolle mehr spielt. Michael Neill, der Autor von »The Inside Out Revolution« würde sagen: »Wir werden geflogen.« Gut zu wissen, dass es uns fliegt, wenn es drauf ankommt.

Dieses Geflogen-Werden lässt sich gut bei Babys beobachten: Stell dir Neugeborene in einem Spital vor. Die Säuglinge liegen in ihren Betten. Das eine schreit, das andere schläft, das nächste gluckst ... Sie verfügen alle über vorprogrammierte Lebenskraft und eine Art Bedienungsanleitung. Babys wissen, was zu tun ist, wenn sie hungrig, mude oder einsam sind. Sie sind vollkommen präsent mit dem, was gerade ist. Kein Säugling braucht ein Benutzerhandbuch, um an der Brust zu saugen oder das erste Lächeln zu produzieren. Keine Mutter wird bei einem Psychologen anrufen, wenn das Baby schreit, und keine Mutter wird ihrem Nachwuchs ausreden, dass er müde oder traurig oder hungrig ist.

Unser Betriebssystem ab Werk besteht aus purer Weisheit oder *Mind*. Das analytische Denken formt sich erst langsam und beeinflusst winzige Menschen nicht im Geringsten. Ja klar, ist ja logisch. Aber dann beginnt gemäß dem herkömmlichen Verständnis ein langsamer Abbau von *Mind*. Wir gehen davon aus, dass Lebensereignisse unsere Weisheit oder unseren Autopiloten beschädigen oder sogar zerstören können. Diese Annahme führt zu Glaubenssätzen, die immer ähnlich lauten:

Weisheit existierte schon vor unserem Denken.

Dein eigener Weg

Darüber muss ich nachdenken !

a) Kinder nehmen im Lauf der Jahre unweigerlich ›Schaden‹.
b) Gewisse Lebensumstände machen uns kaputt.
c) Wir sind das Produkt oder die Opfer unserer Geschichte.
d) Wir müssen gesund therapiert/geheilt/geflickt werden.
e) Nur ein:e Expert:in kann uns helfen.
f) Wir sind entweder Schuldige oder Opfer.

Diese Sichtweise ist der Anfang vom Ende. Sie führt in den Dschungel von Fehlermeldungen und Fernsteuerung. Dabei vergessen wir das Entscheidende:
- Wir SIND nicht unsere Geschichte.
- Wir SIND nicht unsere Gedanken.
- Wir SIND nicht unsere Gefühle.
- Wir SIND das Darunter, das Vorher.
- Wir SIND *Mind*.

Nichts und niemand hat irgendwelche Macht über unseren intakten Kern, der aus purer, dynamischer Lebenskraft besteht. Nichts und niemand kann das zerstören, was wir wirklich sind.

Wir können unsere wahre Natur nie verlieren. Wir können uns getrennt fühlen, aber nicht getrennt sein von unserem Instinkt, unserer Klarheit, unserer Kreativität, unserem Wohlbefinden. Egal, wie schwierig die Lebensumstände sind oder waren. Unsere wahre Natur ist genauso unzerstörbar wie die DNA. Und nur unser eigenes Denken kann jemals behaupten, dass wir psychisch unwiederbringlich geschädigt sind. Wir alleine entscheiden, ob wir diesem Gedanken Gewicht geben oder uns unserer Kraft zuwenden.

Es ist das größte Rätsel und das größte Geschenk zu wissen, dass wir einen Autopiloten in uns tragen, der uns im Zweifelsfall fliegt. Auch wenn er keine Garantie dafür ist, dass jede Situation so glimpflich abläuft wie damals beim Wandern. Meine Weisheit übrigens hat mir seither geraten, Kinder nicht mehr alleine den Berg hinunterspazieren zu lassen.

DIE STÜRME DES LEBENS AKZEPTIEREN

Es war für M. ein lebendiger Albtraum: Pochende chronische Kopfschmerzen führten ab Sommer 2018 immer öfter zu Schulausfällen und nach einem Marathon aus Arztbesuchen, vergeblichen Nackenmassagen und Behandlungen durch Osteopathen landeten wir in einer kalten Novembernacht in der Notfallambulanz der Kinderklinik Luzern. Der Kopf unserer Tochter drohte zu explodieren. Ich hatte keine Ahnung, was los war, aber Hunderte von möglichen Diagnosen im Kopf. Von Tumor bis Hirnhautentzündung war so ziemlich alles dabei. Die Untersuchungen fingen sofort an. Aber die Ärzt:innen fanden nichts. Nada. Zero. Meine Tochter war frustriert. Ich war erleichtert, aber gelöst war gar nichts!

M. blieb während fast zwei Monaten im Spital, weil es zumindest eine Tagesstruktur mit Unterricht ermöglichte. Psycholog:innen, Ärzt:innen und allerlei Therapeut:innen schwirrten um sie herum, es wurde gescannt und Blut abgenommen, Formulare wurden ausgefüllt. Aber es gab keine medizinische Erklärung für die Schmerzen. Wenn ich bis dahin dachte, ich kenne Verzweiflung und Angstzustände, dann wurde ich eines Besseren belehrt. Das war ein neuer Level an Sorgen und ich war völlig durch den Wind. Umso mehr, als sich M.s Zustand während des Aufenthalts im Spital fast wöchentlich verschlimmerte und neue Themen dazukamen. Ihre Verunsicherung gegenüber der Situation und der Welt wurde immer größer. Durch meinen Kopf rasten Fragen über Fragen. Was war falsch gelaufen? Wer war schuld? Was war los mit ihr? Hatten wir einen riesigen Fehler gemacht? Das Kind so leiden zu sehen war unerträglich und meine Gedanken rasten durch die Decke.

Alles war real: die Verzweiflung, die Sorgen, die Vorwürfe, die Tränen und Tausende von Fragen. Parallel dazu liefen meine Coaching-Ausbildung und die Gespräche mit Lea. Ich klammerte mich an ihre Sätze wie eine Ertrinkende an einen Rettungsring. Es war die Feuerprobe. Ich war komplett verseucht von Sorgen und die Weisheit schien Lichtjahre entfernt.

Leas Sätze klangen an manchen Tagen wie Ironie: »Es gibt mit unseren Sorgen nichts zu tun.« Ich liebte und hasste den Gedanken gleichzeitig. Schön zu wissen, dass ich all das weder verstehen noch flicken noch einordnen noch bekämpfen musste. Innerlich brodelte es dennoch.

Oder ich hörte in meinem Inneren die Worte: »Wenn wir glauben, wir müssten sofort etwas tun, dann bedeutet es einzig, dass wir nicht mit unserer Weisheit verbunden sind. Es heißt nur, dass wir ›off track‹ sind. Nimm dir vor, 48 Stunden nichts mit deinen Gedanken tun zu wollen.« Mein Intellekt war empört. Ich wollte sofort etwas tun. Ich wollte endlich den perfekten Arzt oder Therapeuten finden, einen befreundeten Osteopathen einschleusen und Bachblüten ins Spital schmuggeln. Aber vor allem wollte ich, dass die Schmerzen und das Leiden meiner Tochter subito aufhörten.

Dazu Leas Trost: »Jeder Sturm geht irgendwann vorbei und dann zeigt sich der nächste Schritt. Das passiert immer, früher oder später.«

»ES GIBT ZWEI ARTEN VON STÜRMEN: DIE STÜRME DES LEBENS UND DIE STÜRME IN UNSEREM KOPF. WIR KÖNNEN DIE STÜRME DES LEBENS NICHT MIT DEN STÜRMEN IN UNSEREM KOPF LÖSEN.« SHAILIA STEPHENS

Wirklich? Es gab Momente, in denen ich überzeugt war, dass dieser Sturm nie mehr aufhören würde.

In diesem ganzen Chaos gab es jedoch etwas, das Ruhe ins System brachte. Es gab einen Millimeter Distanz zum Geschehen. Ich war nicht komplett drin in der Krise, sondern saß auf den Zuschauerrängen. Mit Leas Unterstützung wurde ich aus der Von-Gedanken-Gejagten zur Beobachterin. Ich hörte das Geschrei in meinem Kopf, den Wunsch nach Kontrolle und das Bedürfnis, meine Tochter zu retten. Ich wollte das tun, was wir in Krisensituationen so gerne tun: Gegen das schlechte Wetter ankämpfen.

Im Hintergrund hörte ich immer wieder Leas Worte: »Es gibt im Sturm nichts zu tun. Wir können o.k. sein mit nicht o.k. sein.« Damit erledigte sich auch die quälende Frage nach der Schuld. Wer war schuld an diesem Zustand? Die Schule, die Lehrer:innen, wir Eltern? Niemand war schuld. Die Natur war am Werk, und auch wenn es mir nicht gefiel, fing die Akzeptanz für die Natur der Sache an, in mich einzusinken: Mit meiner Tochter war alles in Ordnung. Sie war auf einem Weg, der steinig und steil aussah, aber es war der Weg.

89

Es gab einen Schlüsselmoment, in dem ich nach einem Besuch im Spital zu Hause fix und fertig aufs Sofa sank und erkannte, dass ich meine Tochter nicht vor ihrer eigenen Erfahrung retten konnte. Es fiel mir wie Schuppen von den Augen. Das Leben war am Werk. Es war Weisheit in Aktion. Die Verpuppung einer Raupe. Von außen gesehen ein Prozess, der nach Betriebsstörung aussieht. Und doch war alles in Ordnung. Sie erlebte die Welt und das Leben genau so, wie es ihrer Sichtweise entsprach. Es ging um ihre einzigartige Wahrnehmung der Welt, die für sie Gültigkeit hatte.

Was um Himmels willen sollte an dieser Erfahrung schlecht oder falsch sein? Weshalb sollte ich mich bemühen, ihr etwas auszureden oder ihre Wahrnehmung zu korrigieren? Wie konnte ich mir anmaßen, ihr ihre eigene Fähigkeit für Erkenntnisse abzusprechen? Würde ich einen Baum davon abbringen wollen, während einer Dürre seine Blätter abzuwerfen?

Es wurde so etwas von glasklar: Es gab nicht das zu tun, was ich mir oft gedacht hatte. Es brauchte keine Ratschläge, kein Eingreifen, kein Korrigieren, kein Daraus-Sinn-Machen. Es brauchte nur Präsenz und Akzeptanz für den Lauf der Dinge.

ERKENNTNIS ERMÄCHTIGT

»Wenn wir mit Drama o.k. sein können, dann hat das eine Wirkung auf das Umfeld«, sagte Lea immer wieder. Es war genau so. Als ich diesen wilden Ritt durch den Erlebnispark des Lebens akzeptierte, änderte sich die Stimmung in der ganzen Familie. Aus Beton wurde Wasser. Aus Angst wurde Verständnis. Meine Rolle veränderte sich komplett: Aus der Mission ›Rettung‹ wurde die Mission ›Dasein‹. Aus ›Verstehen-Wollen‹ wurde ›Umarmung‹. Es war das Einfachste und Schwierigste der Welt.

M. machte sich sachte selbst auf den Weg. Ihre Erkenntnisse ließen nicht lange auf sich warten. Genau genommen waren sie schon immer da. Immer wieder blitzte das Licht durch kleine Spalten aus ihr heraus. Sie kam dem Geheimnis schneller auf die Spur als alle Expert:innen rund um sie herum. Als sie nach dem Spitalaufenthalt wieder zu Hause war und sich eine Netflix-Serie anschaute, geschah etwas. In der Show ging es um einen Teenager mit Angststörung, der einen Begleithund bekommt. Sie kam zu mir und sagte: »Mama, ich weiß, was mit mir los ist. Es ist Angst. So wie bei diesem Jungen.« – Mir fiel der Kiefer runter. Ihre Aussage war so klar und wahr wie das Bergwasser der Tamina. Alles machte plötzlich Sinn.

Szenen aus ihrer Kindheit flitzen durch meinen Kopf. Hunderte Male hatte ich das Bild von einem Reh im Scheinwerferlicht gesehen. Ich hatte es in Gesprächen mit Psycholog:innen immer wieder erwähnt und selbst nie verstanden, was es bedeutete. Wir waren alle auf der

Leitung gestanden, weil wir uns mit dem Verhalten des Kindes beschäftigt hatten. Mit dem Sichtbaren, dem Oberflächlichen. Wir hatten nicht auf das Darunter geachtet. Es brauchte die Erkenntnis meiner Tochter: Sie erlebte Menschen und Situationen als Bedrohung.

Es war ihre Gedankenwelt, die ihre Angst erzeugte! Es waren Gedanken im Spiel. Das fehlende Glied, das alles entschlüsselte, war Gedanke, oder »the missing link«, wie Sydney Banks das Prinzip Gedanke auch bezeichnete.

»SEIT ÜBER 35 JAHREN HABE ICH GESEHEN, WIE DAS ANGEBORENE PSYCHISCHE WOHLBEFINDEN VON MENSCHEN WIEDER ERWACHT IST, TROTZ DER ETIKETTEN UND DIAGNOSEN, DIE IHNEN GEGEBEN WURDEN. ICH HABE ZAHLLOSE GESCHICHTEN VON HOFFNUNG UND VERÄNDERUNG ERLEBT, INSPIRIERT VON MENSCHEN, DIE VERSTÄNDNIS UND SEELISCHE RUHE FANDEN, WO SIE (UND ANDERE) ES ZUVOR FÜR UNMÖGLICH HIELTEN.« BILL PETTIT

Die Bedrohungen waren überall, auf der Straße, im Bus, in der Schule und im Keller. Das Überqueren eines Fußgängerstreifens war für M. ein Kraftakt so wie für andere ein 60-Meter-Sprint. Eine Busfahrt war ein Aufenthalt im Spukschloss. Kein Wunder, dass es ihr nicht gut ging. Das hält kein Kopf aus.

Die Klarheit darüber, dass Angst im Spiel war, war hilfreich. Es war wie ein natürliches Beruhigungsmittel. Es wurde klar, dass es sich nicht um eine Krankheit, sondern um Gedanken handelt. Wir brauchten uns nicht mehr mit dem zu beschäftigen, was sich an der Oberfläche zeigte. Das Verhalten unserer Tochter, die Symptome und die medizinische Suche, die bisher im Zentrum gestanden hatte, verloren völlig an Bedeutung.

Für M. war es der Anfang ihrer Entdeckungsreise zu sich selbst. Sie war längst zum Schluss gekommen, dass ihr niemand helfen könne. Und sie hatte so was von recht. Niemand braucht uns zu helfen mit dem, was wir von innen heraus kreieren, und mit dem, was für uns real ist. Wenn wir Eltern aufhören, das Verhalten eines Kindes verändern zu wollen, geben wir den schwierigen Gefühlen und Gedanken die Möglichkeit weiterzuziehen.

Ihr Selbstdiagnose-Erlebnis hat sie offensichtlich ermächtigt. Sie hatte nicht nur alle Expert:innen auf der linken Spur überholt, sondern einen Schlüssel entdeckt, der funktionierte. Sie begann vorsichtig, ihn immer wieder zu benutzen, und machte sich so auf den Weg der Erkenntnisse und des Vertrauens. Ihre Welt ist auch heute nicht nur rosa. Aber sie ist weniger stark geblendet vom Scheinwerferlicht und öfter auf Entdeckungstour. Seit einigen Monaten hat sie eine tolle 3-Prinzipien-Mentorin an ihrer Seite, die weiß, wie man zuhört und aus welcher Richtung der Lebenssaft kommt. Die beiden sind einfach goldig zusammen!

93

DIE KUNST DES LEBENS

Meine Mutter hatte zehn Geschwister. Für mich machte das fünf Tanten, fünf Onkel und viele Gelegenheiten, Menschen aus demselben genetischen Topf zu beobachten. Diese Onkel und Tanten waren alle besonders und anders. Starke Persönlichkeiten eben. Onkel Franz, von dem ich in diesem Kapitel erzähle, war ein groß gewachsener, schlanker, durch und durch sympathischer Kerl. Er hatte ursprünglich Bauer werden wollen, aber da ihm der Vater keinen Traktor kaufen wollte, beschloss er, dem Orden der Dominikaner beizutreten und Priester zu werden. Er war die frische Version von Priester mit einem offenen Herzen, viel Lebensfreude und einem Augenzwinkern. Mit ihm konnte man sowohl Fußball spielen wie auch ein paar Gläser Wein trinken.

Onkel Franz hatte eine abwechslungsreiche Karriere. Er arbeitete für die Hilfsorganisation Caritas, war Leiter einer Internatsschule und Priester in verschiedenen Schweizer Gemeinden. In der Mitte seines Lebens nahm er eine Mission in Afrika an. Es war 1993, als er in Ruanda ankam und bei den dortigen Mitbrüdern einzog. Er begann, die lokale Sprache zu lernen und sich mit dem neuen Klima und allen Herausforderungen anzufreunden. Das Timing hätte schlechter nicht sein können. Ein Jahr nach seiner Ankunft begann einer der hässlichsten Genozide der jüngsten Geschichte, bei dem zwischen 800.000 und einer Million Menschen getötet wurden.

94

Wie durch ein Wunder entkamen mein Onkel und einige Mitbrüder dem Gemetzel. Die Flucht war chaotisch und für uns bis heute ziemlich undurchsichtig. Aber er schaffte es, zurück in die Schweiz zu kommen. Er traf ein wie ein Schatten seiner selbst. Schwach von wochenlanger Krankheit, traumatisiert und still wie nie zuvor. Er erzählte, ohne in die Details zu gehen, und eher zurückhaltend. Ich erinnere mich, wie er rauchend auf unserem Balkon saß und stundenlang den Hausberg Calanda betrachtete.

»ALLES, WAS MAN TUN MUSS, IST ZU ERKENNEN, DASS DIE VERGANGENHEIT NUR NOCH EINE GESPENSTISCHE ERINNERUNG IST, DIE AM LEBEN GEHALTEN WIRD, INDEM MAN IN DEN ARCHIVEN SEINER FESTGEFAHRENEN ERINNERUNGEN WÜHLT.«

SYDNEY BANKS

Dieser Mensch hatte die Hölle auf Erden erlebt. Niemand wusste, was er alles gesehen hatte. Sein fast stummer Umgang mit diesem Blutbad war mir damals fremd. Wenn ich Trauma hörte, dachte ich automatisch an Medikamente oder Gesprächstherapien. Seine Antwort war anders und schälte sich über die folgenden Jahre aus ihm heraus. Sie hieß Kunst schaffen, gute Freunde und eine Beziehung zu einer sympathischen Frau. Aber das Wichtigste war ihm die Kunst. Er bildete sich im Selbststudium zum Maler und Bildhauer aus. Farben, Holz und Stein waren das, was ihn am Leben erhielt. Im Sommer lebte er am Zugersee, im Winter in den Walliser Bergen. Als er 2016 starb, hinterließ er Hunderte von Bildern und Dutzende Skulpturen aus Holz und Stein. Die Kunst habe ihn am Leben gehalten, sagte er mir kurz vor seinem Tod.

Der Kontrast zu einem seiner Brüder hätte größer nicht sein können. Charly war promovierter Germanist und Lehrer. Er lebte im gleichen Dorf wie wir. Neben dem Haus der Familie gab es einen Taubenschlag mit Brieftauben, die er an Festen manchmal fliegen ließ. Es war faszinierend: Die Tauben fanden immer den Weg nach Hause; manchmal flogen sie vom Bodensee zurück in unser Dorf, das 90 Kilometer weit entfernt war und 1000 Meter über dem Meeresspiegel lag. Ich war fasziniert von der Tatsache, dass Tauben über eine Art inneres GPS verfügten.

Charly selbst war ein passionierter Denker und Debattierer. Früher auch ein äußerst lustiger Geschichtenerzähler. Er setzte für sich selbst weniger auf das GPS des Lebens als auf seine meterlange Bibliothek mit philosophischen und literarischen Werken. Was in ihm genau vorging, wird sein Geheimnis bleiben. Von außen schien es, als ob er sich in der Welt des Denkens verirrt hätte, obwohl er weder Genozid noch Flucht erlebt hatte. Was seinen Tauben gelang, blieb ihm verwehrt: Er fand den Weg nach Hause nicht. Das Leben in den Büchern führte zu einem immer größer werdenden Haufen an Fragen. Seine letzten Jahre waren geprägt von bleierner Schwere. Irgendwann verabschiedete er sich. Er war daran zerbrochen.

Es sind nicht die Umstände, es ist nicht ›das Leben‹, es ist nicht das Außen, das unser Leben ausmacht. Es ist das In-uns-Drin, das Unsichtbare. Wir sind die gestaltende Kraft aufgrund des Bewusstseins, das uns im aktuellen

96

Moment zur Verfügung steht. Es gibt darin keine Bewertung von ›gut‹ oder ›schlecht‹. Alle tun immer ihr Bestes, auch wenn es manchmal anders aussieht.

Franz' schöpferische Lebensenergie war seine Rettung. Ist also Kunst eine mögliche Antwort auf ein Trauma? Es gibt und braucht keine Antwort, die allgemein gültig wäre. Die Frage ist eher: Kann die bleierne Schwere von Gedanken geheilt werden, wenn wir unserer Lebenskraft bewusst Platz einräumen? – Die Ruander selbst würden dazu wohl Ja sagen. Dazu mehr im nächsten Kapitel.

DAS LEBEN FINDET NUR JETZT STATT

Das Rezept der Ruander für Traumabewältigung und den Umgang mit Depression heißt Sonne, Trommel, Tanz und Gemeinschaft. In einem Gespräch mit dem Dozenten für Psychiatrie und Schriftsteller Andrew Solomon sagte ein Ruander über den westlichen Umgang mit geistiger Gesundheit: »Wir hatten eine Menge Ärger mit westlichen Therapeuten, die unmittelbar nach dem Völkermord hierher kamen. Sie kamen und ihre Praxis zielte nicht darauf ab, draußen in der Sonne zu sein, wo die Menschen anfangen, sich besser zu fühlen, es gab keine Musik oder Trommeln, um das Blut wieder ins Fließen zu bringen. Es gab kein Gespür dafür, dass es Sinn macht, jeden Tag in der Gemeinschaft aufgehoben zu sein, um dich in die Freude zurückzubringen. (...) Stattdessen wollten sie die Menschen in kleine, enge Räume bringen, damit sie eine Stunde oder so über schlechte Dinge reden, die ihnen passiert waren. Wir mussten sie bitten, zu gehen.«

Die Ruander sehen offensichtlich keinen Nutzen im Auseinandernehmen der Vergangenheit. Stattdessen schaffen sie Gemeinschaft und Momente der Lebensfreude. Wir tun hier ziemlich genau das Gegenteil. Wir sehen in der Vergangenheit etwas, das verarbeitet werden muss. Wir sprechen über die Gewitter, Stürme, den Blitz und den Donner der vergangenen Jahre.

Wir machen Seiltanz auf der Zeitachse, aber das Leben findet nur am Nullpunkt statt. Hier und jetzt. Es gibt nichts anderes als den aktuellen Moment. Alles andere ist nicht mehr real, sondern unsere erfundene Interpretation davon. Wenn wir ständig auf der Zeitachse hin- und herbalancieren, dann droht ganz wörtlich akute Absturzgefahr. Eine Überdosis an Gedanken über die Zukunft (Kristallkugel-Syndrom) oder eine Überdosis an Gedanken über die Vergangenheit (Archiv-Sucht) kappt die Verbindung zu dem, was uns tatsächlich zur Verfügung steht: das *Jetzt*. Die Möglichkeiten des Lebens. Das Ein- und Ausatmen. Das Bewusstsein für den einen Moment und dann für den nächsten.

Winnie Puuh wusste das auch. Er bezeichnet deshalb das Heute als seinen Lieblingstag: »>Welcher Tag ist heute?<, fragte Puuh. >Es ist heute<, quiekte Ferkel. >Mein Lieblingstag<, sagte Puuh.«

Ja, aber wir müssen doch schwierige Ereignisse aus der Vergangenheit verstehen, analysieren, bearbeiten, verarbeiten, verdauen? Ja, müssen wir, wenn wir davon ausgehen, dass es hilft, im Mist zu graben, der nur noch über unsere Erinnerungen existieren kann. Die Alternative wäre es, den Mist so lange stinken zu lassen, bis er zersetzt ist und zu Humus wird. Das geschieht mit jedem Mist.

Wenn wir unsere Gedanken über die Vergangenheit für bedeutsam halten, dann laden wir sie ständig auf ein Date ein. Wir sind dann *absent* anstatt *präsent*. Unterwegs in einer Welt, die genauso erfunden ist wie ein Roman. So blockieren wir das unfassbare Potenzial des Lebens, die Möglichkeiten, die in jedem Moment stecken.

AUF EINER BERGWANDERUNG.

DIE UNGEDULD: »ICH MUSS SO SCHNELL WIE MÖGLICH AUF DEN GIPFEL, DAMIT ICH DEN SONNENAUFGANG NICHT VERPASSE.«

DIE SORGE: »WAS IST, WENN ICH MICH UNTERWEGS VERIRRE?«

DIE SELBSTZWEIFEL: »ICH SCHAFFE ES NIE BIS ZUM GIPFEL.«

DIE ANGST: »ICH WERDE BESTIMMT ABSTÜRZEN.«

DIE ERINNERUNG: »ICH MÖCHTE, DASS DIESE WANDERUNG GENAUSO SCHÖN WIRD WIE LETZTES JAHR.«

DIE HOFFNUNG: »HOFFENTLICH WIRD DIESE WANDERUNG AUCH IN ZEHN JAHREN NOCH STATTFINDEN.«

DER STRESS: »ICH GEHE DOPPELT SO SCHNELL, DAMIT ICH UM 15 UHR WIEDER ZU HAUSE BIN FÜR DIE PLANUNG DER NÄCHSTEN WANDERUNG.«

DIE WEISHEIT: »ICH ZIEHE MIR JETZT MAL DIE BERGSCHUHE AN. «

In den Worten von Sydney Banks ist der Versuch, unser Glück in der Vergangenheit zu finden, so, als würden wir versuchen, »aus einem Schweineohr eine Seidentasche zu nähen«: »Going back into the negative past to find happiness is like trying to make a silk purse out of a sow's ear.«

Gedanken über die Vergangenheit oder die Zukunft sind immer Erfindung, genauso wie das Wahrsagen. Beides hat keine Bedeutung. Aber beides kappt die Verbindung zur Lebenskraft.

Viele Menschen benutzen Gedanken über ihre Vergangenheit, um zu erklären, weshalb sie in der Gegenwart Probleme haben. Dieser Umgang mit Gedanken wird leider immer noch gefördert. Wenn wir Ereignisse oder Personen aus der Vergangenheit als Sündenbock heranziehen, dann geben wir unsere natürliche Gestaltungskraft für Beziehungen in der Gegenwart auf. Dann übergeben wir die Macht der Außenwelt und schlüpfen in die Opferrolle. Dann zementieren wir den Status quo.

Und jetzt ist Zeit für die Notbremse, bevor bei euch alle Pferde durchbrennen: Das bedeutet *nicht*, dass traumatisierende Ereignisse aus der Vergangenheit in Ordnung waren oder nicht stattgefunden haben. Es bedeutet vielmehr, dass diese Ereignisse keine Macht mehr über uns haben. Weil sie nur noch in unserer Erinnerung weiterleben können. In unserer Gedankenwelt, die wir von einem Moment zum nächsten gestalten können. Wie ein Künstler, der eine weiße Leinwand vor sich hat. Wie mein Onkel Franz, dessen Leben trotz allem zu einem Kunstwerk wurde.

Keiner kann uns vorschreiben, ›schwarzzumalen‹, außer wir selbst. Je mehr Bedeutung wir der dunklen Vergangenheit geben, desto mehr bleibt sie uns im Hals stecken.

Da wir aber den Pinsel in der Hand haben, können wir entscheiden, in welchen Farbtönen wir malen möchten. Denn wir sind nicht unsere Erinnerung, sondern die kreative Kraft dahinter. Und diese ist nie beschädigt, nie limitiert und nie eingeschränkt von dem, was war, und dem, was sein wird. Das Spiel des Lebens ist gemacht aus Freiheit, Gesundheit, Liebe und Lebensfreude.

ES ZÄHLT NUR, WIE DU MIT DEN SCHLÄGEN UMGEHST

Ich stand mit meinen Geschwistern, meinem Vater und etlichen Nichten und Neffen um das Bett meiner sterbenden Mutter. Es war der Morgen des 23. September 2020. Wir hielten unsere Hände und der Kreis schloss sich um sie herum. Kerzen brannten. Der Duft von Lavendel erfüllte den Raum. Einer meiner Brüder spielte auf der Gitarre und wir sangen Mamas Lieblingslieder. Sie atmete schwer, die Spuren langjähriger Schmerzen standen ihr ins Gesicht geschrieben. Dennoch war ihr Ausdruck zufrieden. Ihre Familie, ihre Kinder, ihr Lebenswerk waren um sie versammelt. Ihr Ein und Alles. Sie konnte nie genug bekommen von uns. Sieben Kinder hatten gerade so knapp ausgereicht, um ihr Bedürfnis nach Austausch zu befriedigen. Jetzt erlebte sie die größte Umarmung ihres Lebens. Sie war im Himmel auf Erden. Wir blieben den ganzen Tag und hielten Wache. Ihr Atmen wurde im Verlauf des Nachmittags schwächer, die Kraft ließ nach und am frühen Abend verließ sie uns. Friedlich verabschiedete sie sich in die Schwerelosigkeit. Wir waren tieftraurig, aber voller Dankbarkeit. Sie war eine Frau und Mutter, die ihresgleichen suchen konnte. Mehr Mutter, als viele Menschen ertragen können.

So, ja, so ungefähr hatte ich mir das Sterben meiner Mutter vorgestellt. Doch das Leben hielt sich nicht an meinen Plan.

Es war der 23. September 2020, 17:50 Uhr. Ich stand am Bahnhof Sursee auf Gleis 1 und wartete auf den Zug, der mich nach Luzern und dann nach Schaffhausen bringen sollte. Vor einer Stunde hatte ich nach langer Warterei endlich Nachricht von meinem Vater bekommen und erfahren, dass es schlecht stehe um unsere Mama. Ich hatte schon so eine Vorahnung gehabt und spürte meinen Puls bis in den Hals. Ich wollte so schnell wie möglich ins Spital, um meine Mutter zu umarmen. In spätestens zwei Stunden könnte ich dort sein. Es sollte reichen. Ich stand ziemlich verloren auf dem Bahnsteig, als um 18:05 Uhr das Telefon erneut klingelte. Es war mein Vater. Mein Herz sackte ab. Er sagte mit gefasster Stimme, das Spital habe ihn soeben informiert, dass unsere Mama vor 20 Minuten gestorben sei. Eine Schwester habe sie leblos im Zimmer gefunden, als sie ihr das Abendessen habe bringen wollen. Er mache sich sofort auf den Weg zu ihr. Ich krachte in ein schwarzes Loch und sank winselnd und um Luft ringend auf den Boden.

Unsere Mutter war am 22. September gegen Mittag mit massiven Schmerzen notfallmäßig in das Kantonsspital eingeliefert worden. Seither war Funkstille gewesen. Weder mein Vater noch wir hatten Informationen bekommen. Besuche waren verboten. Corona-Regeln. Lockdown-Modus. Was auch immer! Die Untersuchungen waren anscheinend im Gang. Als mein Vater nach mehreren vergeblichen Anrufen endlich zu ihr durfte, war es der 23. September, 16 Uhr. Eine Ärztin erklärte, dass sie die Nacht möglicherweise nicht überleben werde. So blieb mein Vater eine Stunde bei ihr und entschied sich dann, nach Hause zu gehen, um den Koffer für die Nachtwache zu packen. Er wollte bei ihr

104

sein. Doch es kam eben anders. Das Leben überholte ihn und uns links und unsere Hoffnung auf eine letzte Umarmung wurde kaltschnäuzig ignoriert. So jedenfalls kam es mir vor.

>UNSER INTELLEKT UND UNSERE INNERE WEISHEIT SOLLTEN ZUSAMMENARBEITEN, UM HARMONIE IN UNSEREM LEBEN ZU SCHAFFEN. WENN DEM INTELLEKT JEDOCH DIE WEISHEIT FEHLT, HERRSCHT CHAOS. DIES IST DER ZU-STAND DER HEUTIGEN WELT.< SYDNEY BANKS

Ein gescharftes Bewusstsein für die Natur der Dinge ändert nichts an der Tatsache, dass das Leben manchmal gnadenlos ist. Denn es kommt »einmal mit allem«. Leben in Halbpension gibt es nicht. Das wurde mir an diesem Tag klarer als je zuvor. Das Leben hielt sich an keinen Plan. Und es war ihm völlig egal, ob ich einen hatte oder nicht. Denn Leben ist weder gerecht noch ungerecht. Es *ist* einfach. Es findet statt. So wie das Wetter. Mein Vater hatte es schon immer gesagt. An diesem Tag hasste ich diese Tatsache und das verdammte Wetter. Ich wollte es anschreien, verdammen, vor Gericht zerren. Es war unfair, brutal, traurig und fies! Alles schmerzte.

Sydney Banks verglich das Leben mit Kontaktsport: »Das Leben ist wie jeder andere Kontaktsport; du wirst Schläge einstecken. Aber es sind nicht die Schläge, die zählen, sondern wie du mit ihnen umgehst. Wenn du auf

105

sie mit Wut, Misstrauen, Eifersucht und Hass reagierst, ist es das, was du im Gegenzug bekommen wirst. Aber wenn du auf diese Schläge mit Liebe und Verständnis reagierst, bedeuten sie nicht viel. Sie lösen sich einfach auf.«

Meine Mutter bekam ihre letzte Umarmung dennoch. Einfach anders. Knappe zwei Stunden nach ihrem Tod standen wir alle um das Spitalbett. Mein Mann hatte meine Einzelteile am Bahnhof Sursee eingesammelt und mich im Eiltempo nach Schaffhausen gefahren (es kostete uns zwei Geschwindigkeitsbußen). Dann waren wir bei ihr, weit über 20 Personen. Covid-Regeln hin oder her. Wir hatten uns mit Deutlichkeit Zugang in ihr Zimmer verschafft. Ihre große Sippe, die halt größer war als die Normen des Bundesamtes für Gesundheit. Jetzt standen wir im Kreis und umarmten sie. Wir weinten. Jemand hatte eine Flasche Whisky mitgebracht und reichte ein Glas herum. Wir tranken auf Mamas Leben und Sterben und sangen die Lieder, die sie mochte. Wir balsamierten ihr die Füße, berührten ihren noch warmen Nacken und streichelten ihre seidene Haut. Ihr Gesichtsausdruck war völlig entspannt. Die Schmerzen waren endlich weg. Ihre unersättliche Sehnsucht nach ihren Kindern ebenso. Wir sangen, ohne zu bemerken, dass auf der Station immer mehr Zimmertüren aufgingen. Von Menschen, die zuhören wollten. Es war berührend, schmerzvoll und intensiv. Das Leben war ein offenes Gefäß und mein Herz ging auf.

Meine Mutter wusste von der Natur der Dinge. Intuitiv und ohne intellektuelle Hochseilakte. Ein Gedicht, das sie 2016 verfasst hatte, gibt wieder, dass sie das Geheimnis des Zauberhuts schon lange gekannt hatte.

106

Wolken

Wolken ziehen auf.
Wolken ziehen ab.
Sie ziehen weiter
der Himmel in Bewegung.
Bewegung ist gut.
Wer sich bewegt,
der rostet nicht.
Das Leben ist Bewegung,
ist Herausforderung.
Der stellen wir uns.
Wir sind bereit,
wenn die Wolken
weitergezogen sind.
Dann sind wir frei,
frei für Neues.
(Cilli Aepli-Hobi, 4. November 2016)

EIN NEUES VERSTÄNDNIS DER ANGST

»LEIDENDE MENSCHEN BRAUCHEN KEINE VERMEIDER, BESCHÜTZER ODER FLICKER. WAS WIR BRAUCHEN, SIND GEDULDIGE, LIEBEVOLLE ZEUGEN. MENSCHEN, DIE STILL DASITZEN UND RAUM FÜR UNS HALTEN. MENSCHEN, DIE IN HILFREICHER PRÄSENZ ZU UNSEREM SCHMERZ STEHEN.« GLENNON DOYLE

Im Februar 2021 entschieden wir uns, der Covid-Misere und dem Winter zu entfliehen und auf den Malediven zu schnorcheln. Die Kinder waren voller Vorfreude, aber gleichzeitig im Konflikt. Denn so viel war klar: Auf den Malediven gibt es Haifische. In der Vorstellung von M. bestand das Wort Haifisch aus der Summe aller tödlichen Haiangriffe an den Küsten Floridas, Australiens und Südafrikas. Der pure Horror.

Schwimmen mit Haifischen war für sie etwa so attraktiv wie ohne Fallschirm aus einem Flugzeug zu springen. Eigentlich ein No-Go! Und die Ferien fingen so richtig gut an. Am ersten Abend saßen wir auf dem Deck des Hotels, mit direktem Blick aufs klare Wasser. Es war dunkel, das Wasser beim Deck war beleuchtet. Das Licht zog Fische und Krebse an. Es machte Spaß zuzuschauen. So lange, bis ein 2,5 Meter langer Hai an uns vorbeischwamm. Ein echter, grauer, mit Kiemen und Flossen ausgerüsteter Ammenhai, wie wir später erfuhren. Völlig ungefährlich, aber sehr beeindruckend und mit viel Haifisch-Charakter. Das saß: M. kündigte an, keinen Fuß mehr in dieses Meer zu setzen.

Das Thema Angst war wieder einmal dominant. Noch vor kurzer Zeit hätten wir vielleicht so reagiert: »Du brauchst keine Angst zu haben. Dieser Hai isst keine Menschen. Jetzt sind wir extra so weit geflogen, um zu schnorcheln, du solltest morgen wirklich mit uns schwimmen.«

Mit dem neuen Verständnis verändert sich alles. Aus einer Reaktion, die uns nicht ins Konzept passt, wird Natur in Aktion. Die Angst vor dem Schwimmen im Meer war eine völlig normale Reaktion eines mitteleuropäischen Kindes, das gerade zum ersten Mal im Leben einen echten Haifisch vor der Nase hatte. Unsere Tochter griff auf den ihr bekannten Gedankentopf zurück, der mit Haiangriffen und abgetrennten Gliedern gefüllt war. Der Körper tat seinen Job, indem er eine Dosis Stresshormone ins System pumpte, die ihn für Flucht und Kampf vorbereitete. Alles völlig natürlich, ungefährlich und verständlich. Es gab damit nichts zu tun.

Stattdessen unterhielten wir uns über die Natur der Korallenriffe und darüber, dass es auf den Malediven etliche Haiarten gab, die keine Menschen auf dem Menüplan hatten. Am nächsten Tag gingen wir im Schnorchelzentrum vorbei und schauten uns Fotos der heimischen Fische an. Die Skepsis blieb, aber die Zeit arbeitete für uns. Denn die Gedankenwelt verändert sich ohne unser Zutun. Und das Gefühl der Angst ist davon nicht ausgenommen. Es kommt und geht.

Zehn Tage später: Die Kinder und mein Mann ziehen Maske, Schnorchel und Flossen an und springen vom Steg ins Meer. Ich sehe das Trio davonschwimmen und schmunzle. An diesem Tag sahen sie Hunderte von Korallenfischen und drei Haifische: einen Schwarzspitz-Riffhai und zwei schlafende Ammenhaie, die M. unter einem Felsen entdeckt hatte. Sie war hin und weg. Sie schwamm mit Haien! Die Haifisch-Monster, die noch vor zehn Tagen in ihrem Kopf existiert hatten, waren ersetzt worden durch Live-Erlebnisse. Haifische in Echtzeit.

Wenn wir der Natur der Dinge vertrauen, brauchen wir nie mehr gegen unsere eigenen oder die Gefühle der Kinder anzutreten. Es entsteht ein neuer Umgang mit Angst, Wut, Aggression oder anderen Verhaltensweisen. Nichts davon ist mehr falsch. Vielleicht ist es mühsam, schräg, anders und nervig. Aber immer Natur. Und daran gibt es nichts zu flicken und nichts zu schrauben. Was es wirklich zu tun gibt, zeigt sich immer später.

Unter der Oberfläche der Gefühle sind immer Gedanken. Unter der Angst findet sich immer ein Horrorfilm über die Zukunft. Dieser Film wird zum handzahmen Hamster, sobald er durch die Realität ersetzt wird. Je öfter und je bewusster dieser Vorgang von Menschen mit Angst erlebt wird, umso leichter wird der Umgang mit dem Film. Denn auch hier gilt: Es gibt nichts zu tun mit Monstern. Sie fühlen sich real an, aber da sie vergänglich sind, verziehen sie sich früher oder später von alleine. Und das führt zu kleinen Wundern, wie jenem, als M. zuerst den kleinen Zeh und später den ganzen Körper ins Wasser tauchte und erlebte, wie es sich anfühlt, im Indischen Ozean mit Hai- und anderen Fischen zu schnorcheln.

Weil Angst und Angststörungen ein Thema sind, unter dem immer mehr Menschen leiden, verdient sie ein weiteres Kapitel, um dem auf die Spur zu kommen, was wirklich Angst macht: Es ist nicht die Angst selbst, sondern die Angst vor der Angst.

»SCHMERZHAFTE, UNANGENEHME GEFÜHLE SIND UNSERE WEGWEISER, UNSERE FREUNDE. SIE SIND EINE ERINNERUNG DARAN, DASS WIR VOM WEG ABGEKOMMEN SIND UND ANGEFANGEN HABEN, DAS DENKEN ERNST ZU NEHMEN ... WENN WIR DAS WISSEN, KÖNNEN WIR MIT DIESEN GEFÜHLEN O.K. SEIN UND SIE EINFACH VORBEIGEHEN LASSEN. ES BEFREIT UNS DAVON, SIE ... PERSÖNLICH ZU NEHMEN – UND ES BEFREIT UNS DAVON, UNS VOR JEDEM GEDANKEN ODER GEFÜHL ZU FÜRCHTEN, DAS AUF UNS ZUKOMMEN KÖNNTE.« NICOLA FARR

Angst gehört zu den größten Spielverderbern des Lebens. Denn das Gefühl der Angst hat die Kraft eines Horrorfilms, der den Alltag massiv stören kann. Angst ist gut getarnt. So gut, dass sie sich in unserer Familie über Jahre hinter unerklärlichem Verhalten verstecken konnte. Chronische Schmerzen, Impulsivität, Aggression, Rückzug und Überempfindlichkeit. Angst ist fies und Angst macht Angst, wenn wir nicht wissen, mit wem wir es zu tun haben.

Ich bin bis vor Kurzem davon ausgegangen, dass die Außenwelt Menschen Angst macht: Der Job, die Schule, andere Menschen oder Projekte. Die Außenwelt als Jurassic Park. Es erscheint so logisch. Wenn wir die Ursache der Angst nicht verstehen, beginnen wir meistens in der Vergangenheit zu wühlen. Wir vermuten ein Trauma, das geheilt werden muss. Und finden immer etwas. Damit setzen wir uns dann ausgiebig auseinander. Wir finden alles, außer Frieden, Klarheit und Sicherheit. Denn – du ahnst es schon – wir beschäftigen uns einmal mehr mit einem Wetterphänomen. Dabei geht es nicht um das Wetter, sondern um unseren Umgang damit.

Angst wird allerdings nicht von der Außenwelt verursacht, sondern von unseren eigenen Gedanken. Konkret: unseren eigenen, erfundenen, fiktiven Geschichten über die Zukunft. Nur so ist erklärbar, weshalb Menschen vor komplett unterschiedlichen Dingen Angst haben. Meine Töchter können sich Popcorn essend einen Horrorfilm anschauen, während ich mit Achselschweiß kämpfe. Aber sie kommen mit einer Spinne im Zimmer nicht klar. Meine ältere Tochter hatte während ihrer Krise als 14-Jährige Angst vor allem: vor dem Busfahren, vor Begegnungen im Treppenhaus, vor anderen Jugendlichen und selbst davor, dass ihr Herz in der Nacht aufhören könnte zu schlagen.

Angst ist immer ein Abbild unserer Gedankenwelt. Sie hat eine überlebenswichtige Funktion, die uns bei Gefahren zugutekommt. Sie hilft uns einzuschätzen, ob es weise ist, ungesichert eine Felswand hochzuklettern oder einen

112

unbekannten Hund zu streicheln. Angst treibt unseren Körper zu Höchstleistungen an, wenn es ums Überleben geht. Stresshormone wie Adrenalin und Cortisol ermöglichen Höchstleistungen unter extremen Bedingungen.

So weit logisch. Aber was ist, wenn Angst außer Kontrolle gerät? So wie bei unserer Tochter, die wegen der Angst weder Bus fahren noch zur Schule noch zu McDonalds gehen konnte? Was ist zu tun, wenn der Alltag zusammenbricht? Ist Angst dann nicht eine psychische Krankheit, die geheilt werden muss?

Wenn Angst als natürliches menschliches Gefühl erkannt wird, dann verliert sie ihre Dramatik. Egal, wie groß sie ist, sie kann nicht Krankheit sein; sie ist Natur in Aktion. Sie mag den Alltag stören, sie mag uns nicht ins Konzept passen und sie mag alle Beteiligten regelmäßig in Panik versetzen. Dennoch wird sie nur dann zum Problem, wenn wir sie als ›falsch‹ bezeichnen, weil wir sie nicht haben wollen. Sobald wir uns als Produzent:innen unserer Gefühlswelt erkennen, wird Angst zu etwas, das dazugehört.

Dann verliert sie ihre Macht über uns und wir gewinnen Kontrolle. Dann verliert die Außenwelt ihren bedrohlichen Charakter. Dann stellen wir die Verbindung zu unserem eigenen Körper und seiner Natur her. Dann werden wir zu Beobachter:innen, die Erkenntnisse gewinnen und für sich Sorge tragen. Und so dreht sich die Angstspirale langsam wieder in die andere Richtung. Dieses neue Verständnis von Angst war für unsere Familie überlebenswichtig.

Die 3 Prinzipien verändern den Umgang mit Angst von Grund auf. Die Erkenntnis, dass Natur am Werk ist und es nichts zu bekämpfen gibt, ist *die* Beruhigungspille. Es gibt nichts zu heilen, aber viel anzunehmen.

WEISHEIT ZEIGT SICH, WENN WIR DEM LÄRM KEINE BEDEUTUNG GEBEN

Wir alle möchten ein harmonisches Familienleben, wir wünschen uns gegenseitigen Respekt, Geduld, Zuneigung und Freundlichkeit ... Ich bin die Erste, die unterschreibt! Die Realität sieht oft ein bisschen anders aus: Das Leben mit Kindern, Katzen, Rennmäusen und Hund ist eher so wie Wellenreiten. Ich stehe täglich auf dem Surfboard und versuche, die Balance zu halten. Viele Wellen sind einfach zu nehmen und machen Spaß, aber immer wieder kommt eine extra hohe Welle, die mich vom Brett haut. Diese Wellen heißen in allen Familien gleich: Eifersucht, Streit, Unordnung, schlechte Laune, schlechte Noten, Bildschirmsucht, Süßigkeiten oder Ich-will-den-Geschirrspüler-nicht-ausräumen. Wenn die Dinge in der Familie (in der WG, im Verein) nicht so laufen, wie wir es gerne hätten, schwimmen wir gerne im Meer unserer Gedanken, wo wir uns dann gründlich über die Wellen aufregen. Je länger und intensiver wir uns aufregen, desto anstrengender wird es.

Es ist ein Kampf gegen Windmühlen. Denn der Widerstand gegen die Natur des Familienalltags ist der eigentliche Stress. Wir rennen mit dem Kopf gegen die Wand eines erfundenen Idealzustandes. Das tut nicht nur weh; es führt auch dazu, dass wir jene Momente verpassen, in denen alles o.k. ist. Diese kommen nämlich genauso ohne unser

Zutun. Der Wind dreht, die Wellen legen sich, die Kinder spielen, der Hund schläft, die Suppe köchelt vor sich hin. Der Familienalltag besteht aus unendlich vielen Stimmungen und Tonarten. Keine davon ist außergewöhnlich oder schlecht oder falsch.

ICH HABE MEHRERE FAMILIEN:
NR. 1: MEINE PERFEKTE FAMILIE, DIE UNGLAUBLICH TOLL IST!
NR. 2: MEINE NERVIGE FAMILIE, DIE EINE GROßE ENTTÄUSCHUNG IST.
NR. 3: MEINE TATSÄCHLICHE FAMILIE, DIE JETZT GERADE HIER IST.
ÜBRIGENS: FAMILIE NR. 1 UND NR. 2 SIND REINE ERFINDUNGEN UND HALTEN MICH DAVON AB, ZEIT MIT FAMILIE NR. 3 ZU VERBRINGEN.

In meiner Zeit als Jungmutter war das Thema Eifersucht eines der schwierigsten. Ich dachte während vieler Jahre, dass es an uns Eltern und an der Erziehung läge, dass Eifersucht fast täglich zu Streit führte zwischen den beiden Süßen. Es war intensiv und für mich oft nicht auszuhalten! Einer der legendären Höhepunkte: Wir lebten in Holland und waren auf dem Weg zur Schule, als auf dem Rücksitz des Autos mal wieder die Post abging. Ich war am Ende meines Lateins und entschied mich kurzerhand, die beiden damals fünf- und siebenjährigen Streithähne aus dem Auto auszuladen und zu Fuß in die Schule zu schicken. Das Risiko dieser Aktion war überschaubar: Ich wusste, dass sie zu spät sein würden, ich wusste, dass sie zusammenbleiben würden, und ich wusste, dass der Weg sicher war.

Im Zusammenhang mit diesem Thema suchte ich Rat bei Erziehungsexpert:innen und fragte sogar einmal eine Astrologin um Hilfe. Sie entdeckte tatsächlich eine hochinteressante Konstellation der Sterne, welche die Spannungen erklärte. Ändern tat sich dennoch nichts. Ich war mir damals nicht bewusst, dass ich einfach gegen die Natur der Dinge kämpfte, weil sie nicht in mein Wunschdenken passten. Ich beschäftigte mich mit Wellen, die mir zu hoch waren, ich wehrte mich gegen die Natur dieser zwei quirligen Mini-Menschen.

Erst vor Kurzem wurde mir so richtig klar, dass Eifersucht bei kleinen (und großen) Menschen das Resultat ist von vergleichenden Gedanken. *Vergleichende Gedanken* gehören wahrscheinlich zu den Lieblingsgedanken vieler Menschen. Wir kennen sie alle, denn sowohl Kinder- wie auch Erwachsenen-Gehirne produzieren dauernd vergleichende Gedanken. Wer hat das schönere, größere, erfolgreichere, bessere Leben mit dem grüneren Rasen? Wenn diese Gedanken echt und bedeutsam wirken, führen sie zu Verhaltensweisen, die wir Eltern an Kindern nicht mögen: Wutanfälle, schreiende Ungerechtigkeit, sich gegenseitig plagen, um Spielsachen streiten oder dem anderen absichtlich ein Bein stellen.

Auch wenn es anstrengend ist: Hier ist mehr Natur im

Spiel, als wir es wahrhaben wollen. Kinder versuchen, sich in der Familie und in der Welt zurechtzufinden. Sie suchen ihren Platz. Vergleichende und unsichere Gedanken sind das Material, das Kinder oft sehr, sehr ernst nehmen. Vor allem dann, wenn sie an ihrem eigenen intakten Kern oder an ihrem eigenen Wert zweifeln. Wenn sie unsicher sind. Wenn wir Eltern uns bewusst werden, dass ihr Verhalten nicht von der Böswilligkeit in ihren Genen rührt, sondern das Resultat von vergleichenden Gedanken ist, dann kann sich der Umgang mit Eifersucht, Wutanfällen & Co. um 180 Grad verändern.

Wie? Indem wir anfangen, den Lärm als das zu sehen, was er ist: ein individueller, temporärer Gedanken-Gefühls-Mix in Aktion. Indem wir bei allen Kindern und Jugendlichen von einem intakten Kern ausgehen und darauf vertrauen, dass irgendwann bei jedem Kind weiße Hasen aus dem Hut hüpfen. Der Richtungswechsel ist heilend für die Beziehung mit Kindern und Jugendlichen. Er verändert das Zuhören komplett. Wir brauchen dem Lärm nicht mehr so zuzuhören wie bisher, denn es gibt dort nichts zu hören, das wichtig wäre. Das nimmt dem Lärm des Alltags Bedeutung und Schwere. Wir brauchen die schwierigen Momente nicht zu verstehen und nicht zu analysieren. Wir können darauf reagieren, ohne uns dauernd fragen zu müssen, weshalb ein Kind schon wieder so heftig reagiert *und wann hört das endlich auf und, Mensch, er/ sie reagiert genau gleich wie der Schwiegervater und wir haben halt Pech, die Kinder der Nachbarn sind so perfekt usw.* Aber vor allem: Wir müssen uns nie mehr überlegen, wie wir dieses Verhalten verändern können. Denn es verändert sich von alleine, ohne unser Zutun. Immer.

Ist das ein Plädoyer für Laissez-faire oder Lazy parenting oder antiautoritäre Erziehung? Nicht im Geringsten. Es ist ein Plädoyer für eine Führungskultur, die von Weisheit geprägt ist, eine Führungskultur, die weiß, dass Weisheit ins System fließt, wenn wir dem Lärm der Kinder und dem Lärm im eigenen Kopf keine Bedeutung mehr geben.

Statt anstrengendes Verhalten korrigieren zu wollen, erkennen wir dann die Momente, in denen sich die Kinder gut fühlen, zusammen spielen und mit sich und der Welt im Reinen sind. Es lohnt sich, dann den Leuchtstift zu zücken und die natürlichen Talente, die Liebenswürdigkeit oder die Kreativität der Kinder zu feiern. Das entzieht den unsicheren Gedanken den Boden und ist Balsam für Kinder- und Elternseelen!

BELLENDE HUNDE

Unser Labrador-Welpe Kona lebte gerade mal gute vier Wochen bei uns, als er plötzlich anfing, laut zu bellen. Er bellte, wenn ich im Garten arbeiten wollte, er bellte, wenn er auf dem Balkon war, und er bellte, wenn Besuch zu uns in die Wohnung kam. Bellende Hunde stressen, das wurde ziemlich schnell klar! Ich wurde mit jedem Tag ein bisschen ratloser. Mein Hirn wollte mir wohl beim Überleben helfen und schickte mir Material aus meinem Gedankenarchiv: »Siehst du, du wolltest nie einen Hund. Wirklich nicht. Es gibt tausend Gründe, die gegen einen Hund sprachen, und du kanntest sie alle auswendig. Jetzt hast du den Salat. Hättest du doch auf XYZ gehört.«

Es war meine Große, die sich einen Hund gewünscht hatte. Nicht so wie die meisten Kinder, die sich zu Ostern oder Weihnachten einen Hund wünschen und dann wieder Ruhe geben. Der Traum vom Hund war ihr Lebenselixier. Seit sie das Wort Hund sagen konnte, sprach sie von ihm. Jeden Tag. 14 Jahre lang. EVERY SINGLE DAY!! Es war zum Wahnsinnigwerden. Mein Mann und ich waren beide ohne Hunde aufgewachsen. Einen Hund zu halten, war uns etwa so fremd wie lauwarmes Bier zu trinken. Wir taten alles, um einen Hundeersatz zu finden: ein Roboterhund zu Weihnachten. Zwei Katzen als Ersatz für einen Hund. Drei Rennmäuse. Diverse Plüschtierhunde. Hundesitting bei den Nachbarn und Geburtstagskuchen in Hundeform. Einmal machten wir sogar ein schriftliches Abkommen, bei dem sich unsere Tochter verpflichtete, hundert Tage lang das Wort Hund nicht in den Mund zu nehmen. Es war hoffnungslos. Der Hund war in der Vorstellung unserer Tochter das Paradies auf Erden und in unserem Kopf der Inbegriff von Kot-Aufklauben, Geschlabber und Mief.

Als M. im Spital war, erwarteten wir, dass sie das Hundeprojekt vergessen würde. Wir täuschten uns: Es war so ziemlich das Einzige, wovon sie während unserer Besuche sprach. Im Verlauf dieser ewig langen Wochen realisierte ich plötzlich, dass der Hund in meinem Kopf kein Hund war, sondern ein Feindbild, gegen das ich in den Krieg gezogen war. Ich verstand an einem dieser tristen Tage, dass das Thema Hund für M. etwas völlig anderes war als mein Feindbild. Ich begann zu fühlen, was es für sie war: Sicherheit, Freundschaft, bedingungslose Treue. Das Reh im Scheinwerferlicht brauchte einen Hund, diese Angst brauchte kein Medikament, keinen Experten, sondern einen Hund. Eine authentisch miefende, warme, sabbernde, gute Hundeseele. Ich begann auf einer anderen Ebene zu verstehen. Der Wunsch unserer Tochter war eine Etage tiefer gesunken: vom Kopf ins Herz. Meine Tochter lebte und sprach und verstand Hundesprache. Der Wunsch war kein Furz, es war ihre Medizin.

Anfang Juli 2020 zog Kona bei uns ein. Ein vier Monate junger, tapsiger, schneeweißer Labrador Retriever aus dem Piemont mit einem Herz aus Milch und Honig. Das Timing seiner Ankunft war speziell: An dem Tag, als meine Tochter und ich Kona in die Schweiz holten, fand die Trauerfeier für meinen Schwiegervater statt, der vor zehn Tagen im Alter von 102 Jahren gestorben war. Wir betraten den Andachtsraum mit unserem 13 Kilogramm schweren Welpen und hatten keine Ahnung, wie er auf diese Zere-

120

monie reagieren würde. Die Anspannung war spürbar. Die Gedanken waren in Habachtstellung. Es geschah nichts. Der Hund schlüpfte unter die Holzbank und verpennte die ganze Abschiedsfeier. Wir hörten leise Schnarchgeräusche, aber sonst gar nichts.

WAS SAGT DER ANRUFBEANTWORTER VOM STRESS?
»BITTE RUF SPÄTER AN. ICH BIN NICHT
IM MOMENT DA.«

Das Bellen begann etwa vier Wochen später. Und nachdem ich mich eine Weile meinem Getöse im Kopf und meinem Bedauern gewidmet hatte, rief ich die Züchterin an. Wenn ich es vorher nicht schon gewusst hatte, wusste ich es spätestens nach diesem Telefonat: Das Verständnis für die Natur der Dinge gehört nicht Menschen mit Masterabschlüssen.

Sie sagte mir in etwa Folgendes:
A) Ich solle aufhören, mich mit dem Bellen des Hundes zu beschäftigen.
B) Es gehe um die Klärung der Rangordnung.
C) Ich solle nicht mich hinterfragen, sondern dem Hund klarmachen, wer das Rudel anführt.

Nach dem ersten Staunen fiel es mir wie Schuppen von den Augen ... Ich war mit offenen Augen in die Falle gelaufen. Ich hatte dem Lärm zugehört und das Verhalten des Hundes zum Problem erklärt. Ich hatte mich und die Entscheidung, einen Hund anzuschaffen, hinterfragt. Auf der Suche nach der Lösung des Problems wurde ich immer gestresster und landete irgendwo im Archiv meiner Geschichte. Und rannte damit – zack – weg vom Moment, weg von der Lösung.

Mit dieser neuen Klarheit trat ich also auf die Matte. Mit aufrechtem Gang und gefüllten Lungen klärte ich die Rangordnung zwischen uns und positionierte mich als Alpha unseres Rudels. Verblüffenderweise hörte das Bellen auf. *Sofort*! Bis heute. Mit wenigen Ausnahmen.

Es war wieder einer dieser Momente, in denen ich verstand, dass wir eine Wahl haben. Ich hätte mich weiterhin mit dem Problem (dem Bellen) beschäftigen können. (Es war sehr verlockend.) Ich hätte viel Zeit damit verbringen können, die Entscheidung für die Anschaffung eines Hundes zu hinterfragen. Ich hätte monatelang mit einem kläffenden Hund und meinem Selbstmitleid leben können. Meine Freund:innen hätten mir bestimmt zugehört und mir bestätigt, dass das Hundeleben eben ein Krampf ist. In dieser Situation habe ich erfahren, wie gut es ist, Weisheit zu hören, wenn wir im eigenen Sumpf sind. Die Prinzipien zu erkennen bedeutet *nicht*, die Herausforderungen des Lebens immer alleine stemmen zu müssen. In manchen Situationen bedeutet Weisheit, um Hilfe zu fragen. Es ist unglaublich hilfreich, wenn eine Person mit Verständnis und Herz in die andere Richtung zeigt. Das anzunehmen, ist kein Zeichen von Schwäche, sondern von Mut.

Egal ob es laut wird wegen der Kinder, wegen des Hundes oder der Chefin: Im eigenen Lärm hören wir nichts, was von Bedeutung wäre. Denn das, was es wirklich zu hören gibt, ist darunter verborgen. Den Zugang finden wir, wenn wir den Lärm nicht zum Problem erklären. Das läuft gegen unsere Gewohnheiten, ich weiß. Denn wir lieben es, genau das zu tun: Wir beschäftigen uns mit dem Lärm des Lebens – dem Lärm der Medien, dem Geschrei der Kinder, dem lautstarken Wutausbruch des Partners –, respektive mit unseren Gedanken über unsere Probleme. Den lieben langen Tag. Weil wir immer davon ausgegangen sind, dass dieser Weg irgendwo hinführt.

Sollen wir also den Lärm im Kopf abwürgen? Natürlich nicht. Geht nicht. Es reicht aus, die Natur der Dinge zu verstehen. Wenn ein Hund bellt, kann es sein, dass wir abgehen wie eine Rakete. Wir werden immer zuerst uns selbst hören. Es reicht zu wissen, dass wir unserem Lärm keine Bedeutung geben müssen. Ihn durch uns hindurchziehen lassen können. So lange, bis wir etwas hören, das hilfreich ist. Und manchmal bedeutet es, das Telefon in die Hand zu nehmen und jemanden anzurufen, der die Natur der Sache versteht und uns den einen wichtigen Satz sagen kann, der alles klärt.

HERZ GEWINNT

EINE ALTE GESCHICHTE NEU ERZÄHLT: IN EINER DUNKLEN GASSE SUCHT EINE FRAU IM LICHT EINER STRABENLATERNE NACH IHREM VERLORENEN HERZEN. EINE PASSANTIN KOMMT VORBEI UND BIETET IHRE HILFE AN. NACHDEM BEIDE EINE ZEIT LANG ERFOLG-LOS IM LICHT DER LATERNE NACH DEM HERZ GESUCHT HABEN, FRAGT DIE PASSANTIN DIE FRAU, WO GENAU SIE IHR HERZ VERLOREN HABE. DARAUF ANTWORTET SIE, DASS IHR HERZ DORT DRÜBEN, DIREKT VOR DER TÜR IM DUNKLEN HAUSEINGANG VERLOREN GEGANGEN SEI. UND ALS SIE GEFRAGT WIRD, WARUM SIE DANN SO WEIT ENTFERNT VOM VERLUSTORT SUCHE, SAGT SIE: »IM HAUSEINGANG IST ES ZU DUNKEL, DA SEHE ICH NICHTS, HIER DAGEGEN HABE ICH GENÜGEND LICHT.«

Dieses Kapitel ist den Menschen gewidmet, die ich in den vergangenen Monaten auf einem Stück ihres Weges als Coach begleiten durfte: Es ist für K. und C. und S. und N. und L. und E. und M. und T. und J. und H. und D. und ande-re Mutige, die sich getraut haben, sich vom Lärm im Kopf zu verabschieden und in eine andere Richtung zu schauen.

Wir haben gemeinsam die Welt der Krisen und Probleme erkundet. Es sah oft so aus, als ob der Partner das Problem sei, der Ex, die Kinder, die Schule, der Job, die Geschäftspartnerin, die Wechseljahre oder eine Freundschaft. Die Verzweiflung war manchmal groß und es fühlte sich so an, als ob ihr ein Spielball des Lebens wärt. Ferngesteuert. Ausgeliefert. An manchen Tagen sah es so aus, als ob das Herz verloren sei. Und es gab Momente, in denen ihr geglaubt habt, ihr würdet durchdrehen oder vor lauter Erschöpfung nie mehr aufstehen können. Es waren reale und schmerzhafte Stunden, die den Geschmack von Ewigkeit und das Gewicht von Blei hatten.

Wir haben zusammen stillgehalten im Wissen, dass all das sein darf. Dass es kein Aber und keinen Widerstand braucht. Wir haben Tausende von Fragen mit Akzeptanz ersetzt und Ratschlag mit Präsenz. Wir haben erlebt, dass wir ganz unten immer irgendwann Boden unter den Füßen spüren und ein Flüstern aus dem Dunkeln hören. Oft wurden wir überrascht von dem, was plötzlich offensichtlich und klar wurde. Von der Einfachheit, die aus dem Unsichtbaren kam. Ein Wort. Ein sanftes Gefühl. Eine Einsicht. Eine Idee. Und dann habt ihr euch auf den Weg gemacht, um der Einfachheit zu folgen. Vorsichtig und mit kleinen Schritten. Oder ihr habt laut und deutlich mit zurückgekrempelten Ärmeln auf den Boden gestampft und euch Gehör verschafft und erfahren, dass ein JA zu euch manchmal ein klares NEIN erfordert. Der Weg führte weg vom Lärm, hin zur Stille. Weg vom Komplizierten, hin zum Einfachen. Weg vom Verzweifelten, hin zu den Möglichkeiten. Ihr habt euch vom Weg des aussichtslosen Leidens oder des ewigen Sarkasmus abgewendet und seid zu Macher:innen geworden.

Das Flüstern des Herzens, das wieder zu euch durchgedrungen ist, hat zu Projekten und Ideen und Lebenslust geführt, die niemand, außer ihr selbst, erfinden konnte. Diese Lust auf Leben hat euch Energie verliehen, als ihr anfingt, das Unspektakuläre wahrzunehmen. Die Bedeutung des Moments. Den Durst. Den Hunger. Die Müdigkeit. Ihr habt lang gehegte Träume verwirklicht und ewig Hinausgeschobenes umgesetzt.

Einige Perlen, die mich regelmäßig zum Schmunzeln bringen: Der Abschied von der Stadtwohnung und ein Umzug in die Berge. Der Abbruch einer Ausbildung, die keinen Spaß machte, und der Beginn einer kleinen Archäologen-Karriere. Die Kündigung eines krank machenden Jobs und der Weg zurück in die Selbstständigkeit. Klarheit im Umgang mit den ewigen Vorwürfen des Nachwuchses. Die Lust auf Kickboxing.

Immer wieder hat mein Herz kleine Freudensprünge gemacht und mir gezeigt, dass es leichter geht, wenn wir zusammen mit einem Komplizen nach dem Licht im Dunkeln suchen. Dass wir gemeinsam besser unterwegs sind als einsam. Und oft habe ich mit einem Augenzwinkern festgestellt, dass das Herz gewinnt. Nicht immer, aber immer öfter.

PROBLEME MÜSSEN NICHT GELÖST WERDEN

»DIE LEUTE SAGEN, NICHTS IST UNMÖGLICH, ABER ICH TUE JEDEN TAG NICHTS«, SAGT PUUH. »NICHTS ZU TUN FÜHRT OFT ZUM ALLERBESTEN VON ETWAS.« WINNIE THE POOH

Zwischen 2016 und 2019 (nach dem Umzug in die Schweiz) hatte ich einen frustrierenden Gedanken im Kopf: Ich habe nichts mehr zu sagen. Alles ist bereits geschrieben oder gedacht oder gesagt von Menschen, die eloquenter, belesener und schlauer sind. Mein größter Albtraum war, dass ich zu einem Podcast eingeladen werden könnte und nichts zu sagen hätte. Seither bin ich weder belesener noch schlauer geworden. Dafür habe ich entdeckt, wie viel es zu sagen und zu tun gibt, seit ich mich von Ideen frisch ab Quelle bediene und abgestandenes Wasser in die Rheinmündung bei Bad Ragaz weiterfließen lasse.

Dieses Buch ist eigentlich hauptsächlich durch Nichtstun entstanden. Ich tat nichts mehr mit dem Lärm im Kopf und verließ mich auf das Darunter. Ich schrieb es eigentlich nicht. Die Ideen und die Texte kamen zu mir. Im Zug, im Bett, beim Spazieren, beim Autofahren und manchmal mitten in der Nacht. Es gab keinen Masterplan. Der erste

Teil entstand während einer Zugfahrt. Die Texte haben sich so schnell geschrieben, dass ich kaum damit nachgekommen bin, Notizen zu machen. Der erste Entwurf war schnell geschrieben. Ich schrieb, obschon ich wusste, dass ich weder Erfahrung noch Übung hatte mit Schreiben. Entsprechend war die Qualität der ersten 50 Seiten. Es folgte ein langer Prozess mit vielen Runden und mit Phasen der Frustration und Verunsicherung. Der Erkenntnis- und Lernprozess war enorm. Aber die Lust auf Ausdruck, die Ideen und das Gefühl war immer da. Ich wollte schreiben.

Ich hätte im Leben nie *gedacht*, dass ich die Disziplin hätte, ein Buch zu schreiben. Und ich wurde eines Besseren belehrt. An der Oberfläche war der übliche Lärm: »Wen

interessiert das schon? Du bist die schlechteste Autorin der Alpennordseite. Das ist alles chaotisch.« – Ich tat es trotzdem. Ich schrieb dennoch weiter. Weil es Spaß machte. Weil die Ideen kamen. Weil ein tolles Macher-Gefühl entstand, das sich über die Monate verstärkte. Ich wollte etwas zum Ausdruck bringen, das anders war. Jedes Mal, wenn ich nicht weiterwusste, ließ ich die Finger vom Schreiben. Das Nichtstun war immer das beste Rezept, um mich wieder ins Tun zu katapultieren.

Manchmal ließ ich das Manuskript wochenlang liegen. Ich suhlte mich dann ein bisschen im Sumpf und wartete, bis meine persönliche ›Sekretärin‹ aus den Ferien zurückkam. Irgendwann kam sie immer zurück und brachte Inspiration, neue Ideen und Korrekturvorschläge. Treu und verlässlich wie Butler James beim »Dinner for one«.

Das Nichtstun ist unterdessen meine absolute Lieblingstätigkeit, wenn ich irgendwo anstehe. Es wird häufig mit Faulenzen gleichgesetzt. Zu Unrecht! Nichtstun führt zu einer Multiplikation der Produktivität. Die körperliche ist direkt einleuchtend, die geistige dafür umso wichtiger. Vor allem in einem Umfeld, in dem Tempo und Wachstum und Sich-Überarbeiten zu Tugenden stilisiert werden.

Ich erinnere mich mit einem Schmunzeln an eine unglaubliche Lehrerin, die M. in Holland unterrichtete, als sie sechs Jahre alt war. M. sollte nach der Schule ein bisschen lesen. Jeden Tag. Nur zehn Minuten. Diese zehn Minuten führten jeden Tag zu unglaublichem Stress. Ich war irgendwann mit meinem Latein am Ende und fragte die Lehrerin, was wir tun sollten. Nachhilfe? Sprachexpertin anheuern? Sie sagte: »M. ist ab sofort von den Hausaufgaben befreit.« Ich stand da mit weit aufgerissenen Augen und hüpfte innerlich vor Freude. Alles entspannte sich. Sechs Monate später konnte M. trotzdem lesen. Es ist mir ein Rätsel, wann und wie das passierte.

Die Produktivitätsformel *try harder* müsste abgeschafft werden: Frische Gedanken, frische Ideen, tolle Strategien kommen zu uns, wenn wir uns vom Problem entfernen. Erst dann können wir produktiv arbeiten. Ich weiß, wie schwer das ist, wenn alles in uns schreit: »Es ist dringend, du musst sofort etwas tun, so kann das nicht weitergehen.« Wenn wir unter Zeitdruck stehen. Wenn der Chef nach Lösungen schreit. Wenn die Kinder schlechte Noten nach Hause bringen. Wenn Abgabetermine auf uns zurasen. Eine ganze Industrie baut auf diesem Modell auf: Ich strenge mich an, also werde ich glücklicher, schöner, erfolgreicher, reicher. Doch ein kopfloser Hahn findet meines Wissens nie einen Wurm.

Die Erkenntnisse flutschen, wenn *try harder* durch *nothing to do* ersetzt wird. Es ist so banal: Wunden heilen. Das Wetter wird besser. Die Trauer lässt nach. Die Kinder entwickeln sich. Die Hormone pendeln sich ein. Wir brauchen nichts zu tun. Das Leben ist ein selbstreinigender Backofen.

Gibt es ein Rezept für das perfekte Nichtstun? Zum Glück nicht. Es gibt Hunderte von Möglichkeiten, die uns helfen, die Finger vom Problem zu lassen. Die beste findet jede:r für sich selbst. Am Anfang steht vielleicht die bewusste Entscheidung, ein Problem nicht lösen zu wollen. Dann kann uns das Leben überraschen. Dann wird es unter Umständen so interessant, dass es plötzlich sehr viel zu tun gibt. Zum Beispiel ein Buchprojekt umzusetzen, das gar nie geplant war.

SCHLUSSBOUQUET

DER WEG NACH HAUSE

Der 5. September 2020 war ein heller Spätsommertag im Kanton Wallis. Eine kleine Gruppe von Freund:innen und Familie hatte sich getroffen, um an einer Buchvernissage teilzunehmen, die meine Mutter organisiert hatte. Sie hatte fast in Eigenregie ein Buch über das Leben und Werk ihres geliebten Bruders Franz machen lassen. Das umfangreiche Erbe ihres 2016 verstorbenen Bruders hatte ihr in den vergangenen vier Jahren noch einmal Antrieb und Lebensinhalt gegeben. Ausstellungen, Verkaufs- und Verschenkaktionen waren in ihren Alltag eingezogen.

Die Stimmung an diesem Tag war schön und bedrückend zugleich. Meine Mutter saß auf ihrem Rollator; schmerzgeplagt und sichtlich müde. Die mehrstündige Reise war eine Qual gewesen. Jede Bewegung war die Hölle. Als mein Vater die Laudatio hielt, zitterte ihr ganzer Körper und Tränen rollten über ihr Gesicht. Die Hilflosigkeit angesichts meiner leidenden Mutter war schwer zu ertragen. Ich war so unglaublich stolz auf ihre Leistung und gleichzeitig so verzweifelt. Keine Mutter sollte mit solchen Schmerzen leben.

Wir ahnten an diesem Samstag nicht, dass diese Vernissage das Schlussbouquet ihres Lebens sein würde. Der Körper meiner Mutter war bereits von einem Infekt befallen, der sich seit Monaten schleichend in ihr ausgebreitet hatte. Ihre Schmerzen der vergangenen Jahrzehnte waren für uns so alltäglich geworden, dass niemand einen Unterschied erkannte. Diesmal waren es nicht die Knie, es war

132

weder das Rheuma noch die Arthrose oder der Rücken. Der Infekt blieb unentdeckt, weil alle auf das Sichtbare und auf die Krankengeschichte schauten. Ein einfacher Bluttest hätte rechtzeitig Alarm auslösen können. Das war ein Gedanke, auf dem ich nach ihrem Tod ein paar Wochen lang erfolglos herumkaute.

Die sichtbare Welt bestimmte den Verlauf der Dinge. Die unsichtbare Welt war dennoch präsent. Am Mittwoch, dem 16. September, einem gewöhnlichen Mittwoch, entschloss ich mich kurzerhand, unseren jungen Hund Kona ins Auto zu packen und bei meinen Eltern Mittagessen zu kochen. Es lag etwas in der Luft. Ich machte selten spontane Besuche und sowieso nie während der vollgepackten Woche. Beim Mittagessen bekam meine Mutter keinen Bissen runter. Das war ungewöhnlich, denn sie liebte gutes Essen. Stattdessen gab es später eine Fußmassage und eine Pediküre von meiner Schwester Barbara, die ebenfalls vorbeischaute. Noch vor dem Abendverkehr machte ich mich auf den Heimweg, um den Stau Richtung Zürich zu vermeiden. »Euer Besuch hat mir gutgetan«, sagte Mama beim Abschied. Sie mochte Kona.

EIN MENSCH FÄLLT VOR DER WEISHEIT AUF DIE KNIE UND SAGT: »ES GEHT MIR SEHR SCHLECHT. ICH BRAUCHE DEINE HILFE.« DIE WEISHEIT: »KEINE SORGE, ICH HELFE DIR, SOBALD ES DIR BESSER GEHT.«

Im Auto überkam mich das pure Elend. »Ich besuche sie von jetzt an jede Woche«, nahm ich mir vor, als ich schluchzend nach Hause fuhr. – Es sollte mein letzter Besuch gewesen sein. Das war der Abschied.

Genau eine Woche später starb sie alleine im Spital, wo der Infekt nach einem 24-Stunden-Untersuchungsmarathon und zwei negativen Corona-Tests endlich entdeckt worden war. Es war zu spät für eine Behandlung und so ging meine Mama auf leisen Sohlen. Zu ihrem Bruder Franz und allen anderen Geschwistern, die bereits vor ihr gegangen waren.

Ich blieb zurück in abgrundtiefer Trauer, mit Chaos im Kopf und Vorwürfen gegenüber den Ärzt:innen, dem Spital und gegenüber einem versagenden System, das meiner Mutter ein würdiges Sterben gestohlen hatte. Es war kaum auszuhalten. Die ersten Tage und Wochen nach ihrem Tod waren eine wilde Fahrt auf dem Gedanken-Gefühls-Rollercoaster. Ich wollte anklagen, herausschreien, Lärm machen und Gerechtigkeit fordern. Gleichzeitig wusste ich, dass es besser war stillzuhalten. Ich wusste, dass ich aus dem Affekt handeln würde, wenn ich zu Taten schreiten würde. Ich wusste, dass es mit dieser Energie nichts zu tun gab. Ich war im freien Fall, eine Trauernde, eine Schockierte, eine verzweifelte mutterlose Mutter im Kampf gegen die Gezeiten des Lebens. In meinem Kopf gab es Dutzende Szenarien, wie es anders hätte laufen können. Die Wenn-dann-Sätze pulsierten durch mein Gehirn wie Blitzeinschläge.

Darunter war jedoch noch ein anderes Gedankenset. Eines, das nicht schrie, sondern flüsterte: »Das Zusammenspiel unmöglicher Umstände war ein Segen. Ohne

134

diese Umstände hätte sie nicht gehen können. Sie hätte die schlaflosen Nächte weiterhin mit Mandala-Malen und Schreiben verbracht. Sie hätte weiterhin Schmerzen ausgehalten, die wir keinem Hund zumuten. Sie hätte weiterhin einen Marathon an Arztbesuchen und Therapien absolviert.« Dank einer Kette unglücklicher Zufälle hatte sie sterben dürfen. Sie war durch die Löcher eines vermeintlich perfekten medizinischen Systems geschlüpft, um nach Hause zu gehen. Auf ihre Art. Unterstützt von einer Kraft, die sich nicht an unser Wunschdenken hält.

Der Schock und die Intensität der Trauer der ersten Zeit legten sich im Lauf der Wochen und ein Gefühl von Ruhe und Frieden machte sich breit. Die Begegnungen mit meinen Geschwistern und meinem Vater, eine wunderschöne Trauerfeier und die vielen Umarmungen zeigten mir, dass ich die beste Familie der Welt habe. Das Bedürfnis, die Ärzt:innen oder das Spital zur Rechenschaft zu ziehen, löste sich immer mehr in Luft auf. Ich war wieder bei mir angekommen. Die Kompassnadel zeigte wieder nach Norden. Unter dem Lärm war ein Meer aus Dankbarkeit für das reiche Leben meiner Mutter und für alle Menschen, die sie auf ihrem Weg begleitet hatten. Es war gut, wie es war. Es gab nichts zu tun.

TOCCATA UND FUGE

»HÖRT NICHT AUF MEINE WORTE,
HÖRT AUF EIN GEFÜHL.« SYDNEY BANKS

Als wir in Wien wohnten, trainierte ich einmal wöchentlich Ving Tsun Kung Fu. Der Trainer, der immer wieder für Überraschungen gut war, spielte an einem Abend während des Aufwärmens Toccata und Fuge in d-Moll von Bach. Eine eher außergewöhnliche Musikwahl für ein Martial-Arts-Training. Innerhalb von Sekunden hatte ich Tränen in den Augen und entfernte mich aufgelöst von der Gruppe.

Klassische Musik gehörte zu meiner Kindheit wie die Butter zum Frühstück. Mein Vater hörte ausschließlich klassische Musik und war während vieler Jahre leidenschaftlicher Organist und Chorleiter in einer Kirchgemeinde. Wenn ich Toccata und Fuge in d-Moll von Bach höre, dann geht in meinem Kopf jedes Mal ein Film ab, der mit ihm zu tun hat. Das kleine Meisterwerk von Bach ist für mich untrennbar mit seiner Person verbunden. Ich höre nicht die Musik, sondern die Geschichte eines Mannes, der sich vom Beinahe-Priester zu einem Familienvater mit sieben Kindern entwickelte, ohne dass er genau wusste, wie ihm geschah.

Es ist die Geschichte eines Praktikers, der sich nie auf den Wetterbericht verlassen hat, sondern nur auf das Wetter, das im Freien stattfand.

Es ist die Geschichte eines ewig Lernenden, der mit 50 Jahren beschloss, auf eigene Faust Windsurfing zu lernen, und der keine Scheu hatte, sich in ähnlichem Alter in die fremde Welt der ersten Computer einzuarbeiten.

Es ist die Geschichte eines Lehrers, der fast alles wusste und uns Kindern schon früh beibrachte, wie man eine Axt in der Hand hält und Feuer macht.

Es ist auch die Geschichte eines Ehepartners, der während vieler Jahre die Schmerzen meiner Mutter mitertragen, sie gepflegt und unterstützt hat, in guten und vor allem in schlechten Tagen, als wäre es das Normalste der Welt.

Es gibt bei meinem Vater nie Zweifel darüber, dass er im einzigen und besten Moment lebt, der gerade stattfindet, und dass er seine Zeit lieber mit Aktivitäten füllt, statt mit Hadern oder Zweifeln. Noch heute bewegt er sich jeden Tag mindestens während einer Stunde. Entweder auf dem Fahrrad, zu Fuß oder schwimmend im Rhein. Er scheint keinen Lärm im Kopf zu haben, der ihn davon abhält, Dinge zu tun, die für ihn gut sind. Und wenn doch, dann ignoriert er ihn.

Im Rahmen dieses Buchprojekts führten wir in den vergangenen Monaten immer wieder Gespräche über die unsichtbare Seite des Lebens. Über dieses Geheimnis, das die Menschheit umtreibt, seit sie darüber reflektieren kann. Ich staunte nicht schlecht, als mein Vater, der soeben 86 Jahre alt geworden war, mir im November 2020 sagte, was Sydney Banks Prinzip *Mind* für *ihn* bedeute: »Wenn ich die Natur beobachte, wie Leben ohne unser Zutun, ohne unser Denken sprießt und blüht und sich verändert, dann verstehe ich diesen unsichtbaren Antrieb als ›schöpferische Dynamik‹.«

Da war er wieder, dieser Pfeil, der ins Schwarze traf und mir kurz den Atem stocken ließ. Dieser Begriff der ›schöpferischen Dynamik‹ war für mich alles zusammen: Erkenntnis und Klarheit und ein Gefühl von ›Alles ist gut‹.

Ich könnte noch Dutzende weitere Details zu meinem Vater-Film anfügen, die jedoch alle zum Gleichen führen: Ein Stück von Bach, das andere Menschen völlig kaltlässt, hat bei mir einen Nussknacker-Effekt. In kürzester Zeit stellt sich ein Gefühl ein, das alles beinhaltet, was meinen Vater ausmacht. Wenn ich meine Geschwister fragen würde, dann hätten sie zu Bach garantiert komplett andere Erinnerungen oder Erfahrungen, obschon sie im gleichen Haushalt aufgewachsen und auf den gleichen Kirchenbänken gesessen sind. Es könnte sein, dass es sie an einen Pfarrer erinnert, der den Sündern mit Lawinen gedroht hat, oder an langweilige Predigten oder zu laute Musik beim Sonntagsfrühstück.

Worauf möchte ich hinaus? Toccata und Fuge hat grundsätzlich nichts mit meinem Vater zu tun. Es ist eine bedeutungslose Aneinanderreihung von Musiknoten. Manche Bach-Experten lesen in dem Stück den Ausdruck eines Sturms, andere halten es für ein völlig offenes Stück. Meine Gedanken und Gefühle dazu sind demnach willkürlich, individuell und einzigartig. Und deshalb außerhalb von Bewertungen wie ›wahr‹ oder ›echt‹ oder ›wichtig‹. Sie sind einfach. Gedanken und Gefühle sind bedeutungslose Zufallstreffer. ›Mama-Revolution‹-Coach Sandra Heim hat den Nagel auf den Kopf getroffen, als sie in einer Online-Veranstaltung sagte: »Gedanken sind einfach Vorschläge, wir entscheiden, ob wir sie für wahr und wichtig halten.«

Es macht einen Riesenunterschied, zu erkennen, dass

Gedanken nicht nur völlig willkürlich, sondern unpersönlich sind. Das gibt uns die Freiheit, zu wählen, welchen Gedanken wir folgen möchten. Wie das geht? Wie der Filter funktioniert? – Über das Gefühl. Wir folgen dem, was sich gut anfühlt. Ruhe, Freude und Zuneigung sind energetisierend wie ein Sprudelbad. Logisch, dass wir mehr davon möchten. Hektik, Stress und Schwere saugen uns den Saft ab. Die dazugehörigen Gedanken können wir schadlos weiterziehen lassen. Es ist das eine, sich dieser Wahlmöglichkeit bewusst zu werden, es ist das andere, sich tatsächlich zu entscheiden, energieraubende Gedanken-Gefühls-Pakete »nicht zu Kaffee und Kuchen einzuladen«, wie es Lea in unseren Gesprächen jeweils zu sagen pflegte.

Die Zuverlässigkeit des Gefühlsbarometers hat praktischen Nutzen für alle. Es hilft uns zu entscheiden, welche Freundschaften uns guttun und welche uns Energie rauben. Es hilft zu entscheiden, ob wir den richtigen Job machen. Es hilft uns herauszufinden, ob wir lieber zu Hause bleiben oder in die Ferien fahren. Es hilft in jeder Situation, denn es funktioniert immer. Wir wissen immer alles. Der Schlüssel liegt im Gefühl. Wenn Toccata und Fuge in mir Stress und Trauma auslösen würden, dann würde ich definitiv die Stopp-Taste drücken und andere Musik hören.

EPILOG

17. März 2021: Der Geruch nasser Gartenerde steigt in meine Nase. Der Boden liegt brach. Unser Hund Kona steht neben mir und sucht mit seiner feuchten Schnauze meine Hand nach etwas Essbarem ab. Noch ist es kalt und der Winter hat das Leben noch im Griff. Es ist jedoch nur eine Frage der Zeit, bis sich Licht, Wärme und Sonnenstrahlen wieder durchsetzen. Ich freue mich auf das zweite Schrebergarten-Jahr mit Blick auf den Pilatus, den Bürgenstock und die Rigi. Diesmal werden Freunde mithelfen beim Säen, Pflegen und Ernten.

In Gedanken sehe ich die kommenden Monate vor mir. Die Sonnenblumen, die Süßkartoffeln und den Salat. Wir werden viele Stunden hier verbringen. Die Mädchen werden auf dem Trampolin springen und warten, bis der Duft vom Grill sie zu uns lockt. Die Vorstellung gefällt mir. Dann kommt ein Gedanke, der sich wie eine dunkle Wolke anfühlt: In ein paar Monaten verlassen sie die Schweiz. Ab September geht ihr Leben im Ausland weiter. Sie haben sich für eine Schule entschieden, die ihr Herz höherschlagen lässt. Alle haben Ja gesagt, wir Eltern und sie. Es war eine Entscheidung so klar wie Bachwasser.

>ICH MÖCHTE GERNE LERNEN, IM AKTUELLEN MOMENT ZU LEBEN. ABER NICHT JETZT.«

Dennoch wird mir ein wenig unheimlich. Die Küken fliegen aus dem Nest. Viel früher, als ich es mir gedacht hatte. Freude und Traurigkeit mischen sich. Gedanken schalten sich ein. Wie wird es werden? Was wird mit mir? Was wird mit unserer Beziehung, wenn die Kinder nicht mehr bei uns leben? Wie werde ich die neuen Freiräume füllen? Oder werden es Leerräume sein? Werde ich depressiv, einsam, reiselustig, arbeitswütig? Werde ich vielleicht auch in den Süden ziehen?

Ich atme einmal tief durch. Ich darf alles erleben und fühlen. Aber ich muss die Gedanken nicht weiterverfolgen. Jede Version der Zukunft, die ich mir ausdenke, ist ein Blick in die Kristallkugel. Real ist nur der Moment.

Er ist perfekt. Alles ist bereits perfekt. Die frische Luft, die kühle Schnauze des Hundes und die leeren Beete. Ich schaue zum Himmel. Die Bussarde kreisen hoch über mir. Kona macht es sich auf dem Gras bequem und atmet tief aus, so wie es irgendwie nur Hunde können.

DANK

An *Lea Wernli*, www.mantacoaching.ch, dafür, dass du mir die Tür zu den 3 Prinzipien von Sydney Banks aufgemacht hast, die in eine wundersame neue Welt führt.

An *Alain Crottaz*, der mich seit Jahrzehnten begleitet und ein natürliches Talent dafür hat, sich nicht im Gedankenmüll zu verlieren.

Meinen Geschwistern, die wissen, dass das Wichtigste im Leben ein kaltes Bad im Bergbach ist, Gourmet-Kochen am offenen Feuer, Lieder und Umarmungen und Dasein, wenn wir uns brauchen.

Meinen Eltern, die schon immer wussten, dass sich das Wetter von alleine verändert.

Den aufmerksamen und geduldigen Leser:innen, die den Prozess dieses Buchs begleitet und unterstützt haben: Vilia Zeisig, Steffi Busse, Damian Aepli, Werner Aepli, Christa Koller, Lea Wernli und Helen Minder.

Meiner Lektorin *Andrea Langenbacher*, die mit Umsicht dafür gesorgt hat, dass dieses Buch veröffentlicht werden konnte.

ZUM NACHLESEN

Deutsch

Bettinger, Dicken/Swerdloff, Natasha (2019), *Der Weg nach Hause: Entdecke das Fundament Deines psychischen Wohlbefindens*, Selbstverlag

Neill, Michael (2015), *Die Inside-Out-Revolution: Das Einzige, was du wissen musst, um dein Leben für immer zu verändern*, Nymphenburger

Pransky, Jack (2016), *Das hätte uns jemand sagen sollen! Einfache Wahrheiten für ein gutes Leben*, Selbstverlag

Wernli, Lea (2021), *Weniger Sorgen – mehr Spass! Ein Buch voller Impulse für mehr Freude am Leben*, Selbstverlag

Englisch

Banks, Sydney (2016), *The missing link. Reflections on Philosophy and Spirit*, Lone Pine Publishing, Canada

Banks, Sydney (1989), *Second Chance*, Duvall-Bibb Pub Co

Bird, Nicola (2019), *Little Peace of Mind. The Revolutionary Solution for Freedom from Anxiety, Panic Attacks and Stress*, Hay House UK

Doyle, Glennon (2017), *Love Warrior – A Memoir*, Flatiron Books

Farr, Nicola (2019), *Butterflies are our friends. A Fresh Approach to Helping Children with Anxiety and Fears,* Heart Parenting

Hoff, Benjamin (1983), *The Tao of Pooh,* Penguin Books

Johnson, Amy (2016), *The Little Book of Big Change: The No-Willpower Approach to Breaking Any Habit,* New Harbinger

Neill, Michael (2013), *The Inside-Out Revolution: The Only Thing You Need To Know To Change Your Life. Forever,* Hay House Inc.

Pransky, Jack (2012), *Parenting from the Heart: A Guide to the Essence of Parenting from the Inside-Out,* CCB Publishing

The Guardian International Edition: *»Exporting trauma: can the talking cure do more harm than good?«* (Feb 5th, 2015)

Webseiten zum Verständnis der 3 Prinzipien

http://sydbanks.com
https://3pgc.org
https://dreiprinzipien.org
https://thedrspettit.com

DIE AUTORIN

Isa Aepli, 48, wohnt in Luzern und ist
Transformations-Coach, Bewegungstier
und Familienfrau. Das Leben hat sie gelehrt,
dass die wahre Kraft von da kommt, wo wir
sie zuletzt suchen. Sie liebt es, gegen den
Strom zu schwimmen und Menschen von
To-do-Listen und Selbstverbesserungswahn
zu befreien. Sie begleitet Eltern, Frauen,
Selbstständige und Singles in schwierigen
Situationen und zeigt mit einem Augenzwinkern, dass Lebenskraft direkt unter
unserer Nasenspitze zu Hause ist.

Kontakt

Isa Aepli
isa@handsom.ch
www.handsom.ch

Impressum

Bibliografische Information der Deutschen Nationalbibliothek:
Die Deutsche Nationalbibliothek verzeichnet diese Publikation
in der Deutschen Nationalbibliografie;
detaillierte bibliografische Daten sind im Internet über
http://dnb.dnb.de abrufbar.

© 2021 Isa Aepli, www.handsom.ch

Lektorat: Andrea Langenbacher, www.andrealangenbacher.de

Umschlag- und Innengestaltung: wunderlichundweigand

Umschlagfoto: Isa Aepli

Illustrationen: Océane Forsinetti

Herstellung und Verlag: BoD – Books on Demand, Norderstedt

ISBN 9-78-3-7543-0250-7